Inhaltsverzeichnis

Vorwort

Die erste Begegnung zwischen Schwester Ilse Roennpagel und mir war medial. In einem bekannten Magazin fand ich sie. Alleine mitten auf einem zweiseitigen Foto, hinter ihr die Kulisse der
ältesten Straße von Binz/Rügen. Die helle Haube
leuchtete geradezu auf dem dunklen Hintergrund.
Eine Momentaufnahme, nicht gestellt. Zufällig?
Es verdeutlicht ein faszinierendes Geheimnis der
„Urwaldhebamme": Schwester Ilse zieht Menschen an. Fotografen und Bundeskanzler. Und
Menschen in Brasilien: Indianer im Reservat und
Richterinnen in der Stadt. Das belegen die Geschichten dieses Buches.

Sie erweist sich so im besten Sinn als Missiona-
rin. Geschickt von Gott. Und geschickt im Umgang mit Menschen. Sie übt keinen Druck aus,
sondern Sog. Das ist das Gegenteil. Sie „saugt"
Menschen an, macht sie neugierig, zieht sie hinein
in eine Begegnung mit ihr und Jesus!

Mit diesem dritten Band lernen Sie Schwester
Ilse Roennpagel noch besser kennen, wie auch
den Autor ihrer eigenen Lebens- und Glaubensge-
schichte. Denn am Ende geht es um die rettende
Begegnung mit ihm.

Michael vom Ende
Pressesprecher von ERF Medien

1

Leuchtende Spuren

Beim Schreiben meines dritten Buches standen mir viele Erlebnisse vor Augen, die mich an einen Ausspruch erinnerten, den ich immer wieder durchlebt hatte:

> *Was gewesen, kehrt nicht wieder,*
> *ging es aber leuchtend nieder,*
> *leuchtet's lange noch zurück.*

So sehe ich viele leuchtende Spuren in meiner Vergangenheit, die mich an Gottes Treue und Barmherzigkeit erinnern.

Ob es die herrlichen Sonnenuntergänge waren, die ich vom Schiff aus bei den einzelnen Überfahrten erlebte, oder die unvergesslichen Sonnenuntergänge im Pantanal, oder die täglichen, wunderschönen Stimmungsbilder über dem Rio Parana, es sind leuchtende Spuren, die immer wieder einmal in meinem Herzen auf- und zurückstrahlen.

Oft waren es aber auch nur Streiflichter, nur kurze Augenblicke, die zu leuchtenden Spuren wurden, weil sie mir geistliche Wahrheiten einprägsam machten.

Meinen Lesern wünsche ich, dass auch sie die leuchtenden Spuren in ihrem Leben entdecken und darüber Gott loben und danken.

Elbingerode, im Januar 2010
Ilse Roennpagel

2

Aus dem Tagebuch einer Frühgeburt

Sicher wird die liebe Mutter später ihrem Kind einmal erzählt haben, was sie alles vor der Geburt des Kindes durchlebte. Ich hatte mir einige Tagebuchnotizen gemacht.

Die junge Frau, die eines Abends mit ihrem Freund vor meiner Tür stand, kannte ich nicht. Sie hielt sich den Bauch und sagte, dass ihr Kind wohl bald geboren würde.

Ich untersuchte sie und musste feststellen, dass sie im siebten Monat schwanger war. Sie hatte aber schon leichte Wehen. Das bedeutete, dass sich eine Frühgeburt anbahnen würde. Sie durfte unter keinen Umständen pressen, damit das Köpfchen des Kindes nicht verletzt würde. So übte ich mit ihr Atemtechnik. Ich hätte sie gerne bei mir behalten, besaß aber kein Sauerstoffgerät, was in diesem Fall sehr nötig gewesen wäre. Außerdem wusste ich von früheren Erfahrungen aus dem Kreißsaal, dass bei Frühgeburten oft die Plazenta angewachsen war und sich nicht ohne Weiteres löste. So war ich gehalten, sie nicht bei mir zu beherbergen. Ich konnte sie im Gebet nur Jesus anbefehlen und ihn bitten, dass er ihr seine Hilfe zuwenden möchte. Ich machte mich mit dem jungen Paar auf den Weg in die Kreisstadt. Unterwegs atmete ich bei jeder Wehe mit der jungen Frau, damit sie nur nicht in Versuchung kam zu pressen. Das hatten ihr nämlich schon die Leute beigebracht. Im Krankenhaus angekommen, wurden wir gleich wieder fortgeschickt, weil kein Kinderarzt zur Stelle war und es auch keinen Sauerstoff gab. Was sollten wir jetzt machen? Das junge Paar kannte eine Familie, die bestimmt helfen würde. So war es auch. Der Mann der befreundeten Familie erklärte sich sofort dazu bereit, die schwangere Frau in die andere Kreisstadt zu fahren, wo die klinischen Voraussetzungen besser waren. So konnte ich die junge Frau beruhigt dem Ehepaar überlassen, nachdem ich der Frau noch die Atemtechnik beigebracht hatte, die sie mit der jungen Frau weiter üben sollte. Ich konnte sie im Gebet nur immer wieder dem Herrn Jesus anbefehlen und darauf vertrauen, dass er ihr seine Hilfe senden möge.

Später erzählten mir die Leute, was sie alles auf der Fahrt bis zur nächsten Kreißstadt erlebten. Der Sprit war ihnen ausgegangen. Es war mittlerweile bald Mitternacht. In der ganzen Gegend war um diese Zeit keine Tankstelle mehr geöffnet. Vier- bis fünfmal mussten sie anhalten und die Fahrer der vorbeifahrenden Autos um Benzin bitten. Das war gar nicht einfach. Manchmal mussten sie lange warten, bis wieder ein Auto kam. Manche fuhren auch einfach vorbei. Mal bekamen sie einen Liter, dann wieder zwei, bis sie endlich ihr Ziel erreicht hatten.

Der Chefarzt wollte nach einer Operation gerade das Hospital verlassen, als die junge, schwangere Frau eintraf. Mittlerweile waren auch die Wehen so stark geworden, dass die Geburt unmittelbar bevorstand. Die Freude war riesengroß, als ein wohl zu früh geborenes, aber gesundes Kind geboren wurde. Es kam gleich in den Brutkasten, bekam Sauerstoff und wurde bestens versorgt.

Doch mit der Nachgeburt war es so, wie ich es befürchtet hatte. Sie war dermaßen festgewachsen, dass sie nur operativ entfernt werden konnte. Der Blutverlust war sehr groß, sodass man um das Leben der jungen Frau bangte. Sie musste noch länger stationär behandelt werden, bis sie wieder zu Kräften kam. Es war gut, dass sie dadurch immer wieder einmal nach ihrem Kind schauen konnte. Der Arzt, der mich auch kannte, sprach sich dankbar über die gute Geburtsvorbereitung aus, wie mir die Leute hernach sagten.

Danach vergingen mehrere Monate. Eines Tages kam eine Frau mit ihrem Baby auf dem Arm zu mir ins Ambulatorium. Das war jene junge, überglückliche Mutter. Sie wollte sich bei mir herzlich bedanken, dass ich ihr in ihrer schweren Stunde so beigestanden hatte. Das würde sie nie vergessen. Sie brachte mir als Dank eine große Wassermelone aus ihrem Garten mit.

Zusammen dankten wir Gott, der auf so wunderbare Weise Mutter und Kind am Leben erhalten hatte. Auch für all die lieben Menschen, die in den ganzen Geburtsverlauf eingewoben waren, bat ich um Gottes Segen. So durfte ich erneut die Wahrheit des Gotteswortes erfahren:

Ich will eine Hilfe schaffen dem, der sich danach sehnt. (Psalm 12,6)

3

Das Licht scheint in der Finsternis

Es war Nacht, stockdunkle Nacht, als ich gegen Mitternacht nach einer Zwillingsgeburt die kleine Hütte verließ. Der Mann der frisch entbundenen Frau begleitete mich noch zum nahe gelegenen Bach, wo ich meine Geburtsutensilien einer vorläufigen Reinigung unterzog, denn in der Hütte gab es kein Wasser.

Plötzlich sah ich in weiter Ferne ein Licht aufleuchten, das aber schnell wieder verschwand. Dann tauchte es wieder kurz auf. Als sich das mehrmals wiederholte und der Lichtschein immer näher kam, bat ich den Mann, noch ein wenig bei mir zu bleiben. Schließlich stand ich zwei Männern gegenüber. Beide hatten einen dicken Knüppel in der Hand. Ich brauchte nicht nach ihrem Anliegen zu fragen, denn sie überfielen mich förmlich mit den Worten: „Sie suchen wir!" Dann erklärten sie mir: „Wir waren vor Ihrem Haus und haben lange gerufen und laut in die Hände geklatscht, um uns bemerkbar zu machen, doch es kam keine Antwort. Dann sind wir an die höchste Stelle des Ortes gegangen, wo wir einen guten Überblick über die ganze Ortschaft hatten. Da sahen wir einen kleinen Lichtschein, der aus dieser Hütte kam. Da wussten wir, dass dort die Schwester sein musste."

Dadurch, dass es in unserer ganzen Gegend noch kein elektrisches Licht gab, war die Nacht wirklich stockdunkel. In jener Hütte, in der ich war, brannte nur ein kleiner Kerzenstummel, der sein Licht durch die breiten Ritzen in der Hauswand nach draußen warf.

Wie lebendig stand das Gotteswort aus Johannes 1,5 vor mir: *Das Licht scheint in der Finsternis.* Das war ein lebendiger Anschauungsunterricht meines Gottes, mitten in der Nacht!

Und was war das Anliegen der beiden Männer? Die Frau des einen stand vor der Entbindung ihres Kindes und hatte schon Wehen. „Aber warum sind Sie mit zwei Knüppeln gekommen?", wollte ich wissen. Sie erklärten mir, dass dies nur zur Vorbeugung sei, um mich vor den tollwütigen Hunden zu schützen. Sie begleiteten mich, denn ich musste ja erst noch einmal nach Hause, um mir steriles Geburtsmaterial zu holen. Außerdem nahm ich noch schnell ein Desinfektionsmittel zur Hand, um mich gegen das viele Ungeziefer zu schützen, das in den Hütten in reichem Maße anzutreffen war. Dann griff ich nach meiner Taschenlampe und trat mit den Männern einen schier endlos scheinenden Marsch an.

Mittlerweile war es schon zwei Uhr in der Morgenfrühe, als wir endlich die Hütte erreichten, in der die hochschwangere Frau sehnlichst auf mich wartete. In der Hütte befanden sich mehrere kleine Räume, die in dieser Nacht Verwandten und Bekannten als Nachtquartier dienten. Von überall drangen schnarchende Laute an meine Ohren und ich musste mir im Dunkeln über viele schlafende Menschen hinweg einen Weg zum letzten Raum bahnen, in dem die Mutter auf ihr Kindchen wartete. Eine kleine Petroleumfunsel war die einzige Lichtquelle im ganzen Haus. Es war sehr kalt. Um den Raum etwas zu erwärmen, stand in der Mitte eine große Schüssel mit einigen qualmenden Holzklötzen. Der beißende Rauch war nicht die beste Luft, die uns umgab. Mit tränenden Augen verrichtete ich meinen Dienst. In meinem Herzen konnte ich nur um Gottes Erbarmen flehen und war froh und Gott dankbar, dass sich der Geburtsverlauf nicht so sehr in die Länge zog. Auch die Eltern waren von Herzen dankbar für den guten Verlauf der Geburt und freuten sich sehr über den kleinen Erdenbürger, der die Zahl der Kinder um eins vermehrte.

Draußen konnte man schon am Himmel die ersten Zeichen des anbrechenden Tages wahrnehmen. Ich dachte in meinem Herzen: Wie vielen hilfesuchenden Menschen werde ich heute wohl noch begegnen? Der Mann und auch sein Begleiter, die mich geholt hatten, waren inzwischen so müde, dass sie es vorzogen, mir lieber ihr Pferd für meinen Nachhauseweg zu leihen, als noch einmal den langen Fußmarsch zu machen. Doch das lehnte ich ab, denn auch ich war todmüde von allem Erleben des Tages und der Nacht. Wer weiß, wo das Pferd dann mit mir hingeritten wäre?

Nach einem Dankgebet brachten sie mich wohlbehütet wieder bis vor mein Haus.

4

Lüge oder Wahrheit

„Schwester Ilse, ich muss Sie bitten, der Richterin die Unwahrheit zu sagen, auch wenn es gegen Ihr Gewissen geht, sonst verliere ich meine Stelle." Das sagte mir ein Rechtsanwalt, von dem ich ein wichtiges Dokument brauchte. Ich musste nicht lange überlegen, meine Antwort war klar und kompromisslos: „Nein, das tue ich nicht."

Es ging um die Adoption eines brasilianischen Kindes. Die Adoptiveltern waren von Deutschland gekommen und wohnten bis zur Freigabe des Kindes in unserem Ort, weil da das Kind geboren war. Ich kannte die Mutter gut, die nun schon ihr zweites uneheliches Kind zur Welt gebracht hatte. Das erste wurde von der Großmutter aufgezogen, aber das zweite Kind wollte sie gerne zur Adoption freigeben. Doch das war zu der Zeit ein sehr schwieriges Unterfangen. Viele Kinder standen schon auf der Warteliste. Außerdem wurden nur dunkelhäutige oder Kinder mit einem organischen Fehler vermittelt.

Die lieben deutschen Eltern, die selbst keine Kinder bekommen konnten, hatten ihr Anliegen immer wieder vor Gott gebracht und nahmen die Schwierigkeiten gerne auf sich. Sie hatten die

Hoffnung, bald einem Brasilianerlein ein Heim bieten zu können. Da alle behördlichen Verhandlungen in der Landessprache erfolgen mussten, wurde ich gebeten, diesen Dienst zu übernehmen. Das war dann meine „Behördengeburt", die sich nicht nur auf ein paar Tage, sondern über Wochen erstreckte und mich viel Kraft kostete. Es ging von Behörde zu Behörde, und nicht nur an einem Ort. Bei Wind und Wetter – mal mit, dann wieder ohne Kind – mussten wir die Wege auf der holprigen Erdstraße zurücklegen. Es kam auch vor, dass wir unverrichteter Dinge wieder nach Hause fahren mussten, weil die Richterin plötzlich einen anderen Termin wahrnehmen musste. Und immer wieder gab es neue Gesetze zu beachten.

Dann sollten die zukünftigen Adoptiveltern ein Foto von dem Kind abgeben, um sicher zu sein, dass es kein hellhäutiges Kind war. Der Fotograf hatte sich große Mühe gegeben, doch das Resultat war für ihn nicht zufriedenstellend, weil die Aufnahme immer wieder viel zu dunkel war. Er hatte sich sehr entschuldigt, doch für die zukünftigen Adoptiveltern war es ganz einfach ein Gotteserlebnis, denn es sollte ja kein helles Foto sein. Die Richterin nahm es entgegen und legte es zu den Akten.

Die vielen Begegnungen mit der Richterin gaben mir Anlass, ihr dann und wann auch ein Evangeliumstraktat zu geben und mit ihr darüber ins Gespräch zu kommen. Dass diese Gespräche nicht ohne Reaktion blieben, durfte ich erfahren, als mein Telefon eines Abends klingelte und ich die Stimme der Richterin am anderen Ende hörte. Ich war zunächst erschrocken. Doch dann sagte sie mir, dass sie durch ein Traktat so angesprochen war. Es wurde ein langes Gespräch in der Gegenwart Gottes, das ihr wirklich weiterhalf, wie sie mir später sagte.

Nun stand die Adoption vor der Tür und das Kind brauchte einen Reisepass. Dieser sollte mir vom Standesamt unserer Kreisstadt ausgestellt werden. Die Richterin, die in einer anderen Kreisstadt lebte, verlangte aber, dass ich unbedingt in die andere Stadt fahren sollte, weil ja das Datum mit dem Stempel dieses Ortes im Pass stehen musste. Bis zu einem bestimmten Zeitpunkt sollte ich wieder auf dem Gericht sein. Aber das konnte ich unmöglich schaffen, zumal der Wagen auch noch Probleme machte. Der Standesbeamte unserer Kreisstadt war aber oft auch in der Stadt, in der das Gericht war. So ging ich zuerst zu dem Büro, wo ich ihm des Öfteren begegnete. Er war auch tatsächlich da. Ich hätte ihn also gar nicht angetroffen, wenn ich in unsere Kreisstadt gefahren wäre. Nun begegnete er mir mit den obigen Worten und verlangte: „Schwester Ilse, ich muss Sie bitten, der Richterin die Unwahrheit zu sagen, auch wenn es gegen Ihr Gewissen geht, sonst verliere ich meine Stelle." Er verschwand in einem anderen Raum, kam zurück und überreichte mir das Dokument mit dem Stempel von der anderen Kreisstadt. Ich konnte die ganze Angelegenheit nur betend vor Gott bringen.

Die Richterin kam verspätet und entschuldigte sich, dass sie sich nicht an den Termin halten konnte. Dann fragte sie mich eilig. „Konnten Sie alles erledigen?" – „Ja", war meine kurze Antwort. Sie nahm das Dokument, legte es schnell beiseite und wandte sich schon dem Nächsten zu. Ich konnte Gott nur von ganzem Herzen dafür danken, dass er in der knappen Gesprächsführung meine Hilfe war, bei der Wahrheit zu bleiben. Die dankbare Verbindung zu den Adoptiveltern ist bis heute geblieben.

5

Was man alles bei einer Geburt erleben kann

Einige Male wurde ich gebeten, unsere hauptamtliche Hebamme in Joinville für mehrere Wochen zu vertreten. Das kam mir oft wie ein Kulturschock vor, denn im Krankenhaus war alles vorhanden, was ich zu einer Geburt benötigte. Ich brauchte mir am Abend keine Tasche mit Geburtsutensilien fertig zu machen, brauchte nicht in den Geländewagen zu steigen und auf holprigen Erdstraßen kreuz und quer zu fahren, bis ich zu der richtigen Hütte kam. Ich brauchte keine Taschenlampe, genügend Batterien und Kerzen bereitzuhaben, weil es im Krankenhaus immer Strom gab. Und Säuglingswäsche brauchte ich auch nicht mitzunehmen, denn der Wäschevorrat im Krankenhaus war immer ausreichend. Ich brauchte mir vor allen Dingen kein Wasser von Pfützen und Bächen zu suchen, um mir die Hände zu säubern, weil es im Krankenhaus fließend Wasser gab. Welch ein Kontrast zu meinen Stationen im Inneren des Landes! Und doch sagte eine Kinderärztin: „Ich wünschte, unsere Helferinnen würden alle einmal für ein halbes Jahr da arbeiten, wo man vieles entbehren und improvisieren muss und die Kreativität angespornt wird."

Nun war ich also wieder einmal für ein paar Wochen auf der Entbindungsstation im Krankenhaus. Wir hatten zu der Zeit Hochkonjunktur. Täglich wurden zehn bis zwölf Kinder geboren. Kurz zuvor war der Schichtdienst eingeführt worden, sodass eine Wöchnerin mitunter von zwei bis drei Hebammen betreut wurde.

Ich hatte die Nachtschicht, als eine Gruppe von Menschen im Flur auf und ab ging. Eine Frau fiel mir auf. Ihr Gesicht war schmerzverzerrt und sie hielt sich den Bauch. Ihr mit Blumen geschmücktes Haar und das festliche Kleid deuteten darauf hin, dass sie von einem Fest gekommen war. Da kam auch schon ein Mann auf mich zu und sagte: „Wir kommen gerade von unserer Hochzeit, meine Frau muss sich den Magen verdorben haben, sie hat ganz plötzlich Koliken bekommen." Ich erklärte dem Mann, dass sie da auf der falschen Station seien und wollte sie auf die Innere Station schicken, als sich die Frau gerade wieder vor Schmerzen krümmte. Ich nahm sie mit auf ein Notbett und bat den Mann zu warten. Die anderen Personen hatten sich entfernt.

Wie war ich entsetzt, als ich bemerkte, dass die Frau hochschwanger war und schon eine Wehe auf die andere hatte. Sie hatte sich ganz fest eingeschnürt, sodass ihre Umgebung nichts von der Schwangerschaft gemerkt hatte, auch ihr eigener Mann nicht. Als ich ihm sagte, er möchte bitte warten, das Kind würde in wenigen Minuten geboren, war er außer sich vor Entsetzen und schrie nur laut: „Das ist nicht von mir! Das ist nicht von mir! Wir leben ja erst drei Monate zusammen!" Dann verschwand er. Ich hatte bereits einen Arzt benachrichtigt, der die Frau von dem Kind entband. Es wog gut drei Kilo, konnte also kein drei Monate altes Kind sein! Ich befahl die Frau mit ihrem Kind und dem Mann dem Erbarmen Gottes an.

Auf dem Flur ging es laut zu, Männerstimmen waren zu hören. Dann pochte jemand mit aller Wucht an die Tür. Es war der Mann der Frau, der in Begleitung der Polizei vor uns stand. Wie froh war ich, dass der Arzt alle weiteren Verhandlungen in die Hand nahm.

Außerdem kam meine Ablösung. Am nächsten Abend, als ich wieder Dienst hatte, war die Frau mit ihrem Kind bereits schon entlassen. Gerne hätte ich sie einmal besucht, um noch ein helfendes Gespräch mit ihr zu haben, doch dafür blieben bei allen Herausforderungen im Krankenhaus keine Zeitschnipsel übrig.

Im Laufe meiner Vertretungsdienste erlebte ich einige solcher Storys, die aber immer irgendwie eine Klärung fanden oder aber einen Prozess zur Folge hatten. Wir lesen in Gottes Wort in Matthäus 10,26:

Es ist nichts verborgen, was nicht offenbar werde.

Es ist gut, wenn wir diese Wahrheit tief in unser Herz nehmen. Sie gilt für alle Bereiche unseres Lebens.

6

Opfere Gott Dank und erfülle dem Höchsten deine Gelübde

War das nicht ein Klatschen draußen vor der Tür? Zu so später Stunde? Es hatte sich doch niemand für diesen Tag zur Geburt angemeldet? Ein Mann aus der Nachbarschaft stand vor der Tür. Ich hatte seine Frau vor Kurzem entbunden und wir waren dankbar, dass alles so gut verlaufen war. Was mochte er jetzt für ein Anliegen haben? Er fragte mich zuerst, ob ich zu dieser Stunde noch Zeit für ihn hätte. Ich bat ihn, hereinzukommen. Kaum hatte er sich gesetzt, als er sagte: „Ich möchte eine Lebensbeichte ablegen." Das hatte ich bis dahin auch noch nicht erlebt. Eine Nikodemusgeburt? Denn Nikodemus war mit brennenden Fragen nachts zu Jesus gekommen.

Der Mann gehörte mit seinem Bruder zum Kirchenvorstand. Doch beide kamen selten zum Gottesdienst. Sie hatten eine große Schweinezucht und fuhren am Sonntag immer Schweine in einen anderen Bundesstaat, weil sie sich da einen besseren Verdienst erhofften. Sie kannten die Kontrollstellen genau und wussten auch, wann sie besetzt waren und wann nicht. Schon länger wollten sie sich einen Kühlschrank und eine Waschmaschine und anderes mehr für ihren Haushalt zulegen. Dazu brauchten sie Geld, das sie nicht nur in der Landwirtschaft verdienen konnten. Sie wussten aber auch, dass die Sache mit dem Schweineverkauf illegal war. Doch bisher war alles gut gegangen und sie konnten sich schon manches anschaffen. Sie wollten auch wieder zum Gottesdienst kommen und von ihrem Erlös ein Opfer für das Reich Gottes geben, aber zuerst wollten sie ihre persönlichen Bedürfnisse befriedigen.

Nun saß der Mann vor mir und gab mir einen tiefen Einblick in sein schuldbeladenes Leben. Den letzten Anlass zu diesem Gespräch hatte ihm das Erleben des vergangenen Sonntags gegeben. Da waren an einer Kontrollstelle, die sie unbesetzt glaubten, sämtliche Schweine beschlagnahmt worden. Zudem war ihnen ein hohes Bußgeld auferlegt worden, das sie binnen zwei Tagen bezahlt haben mussten. Das Geld dafür mussten sie sich leihen. Er sagte mir, der Betrag sei über viermal so hoch gewesen wie der Wert der neuen Gegenstände, die sie sich anschaffen wollten. Gott hatte zu seinem Herzen geredet. Tief gebeugt und ohne Umschweife hatte er aufrichtig seine Schuld vor Gott bekannt, auch dass er Gott über lange Zeit betrogen hatte mit seinem sonntäglichen Opfer. Aber auch an manch andere Sünde in seinem Leben konnte ihn Gott durch seinen Geist erinnern, sodass es wirklich eine Lebensbeichte wurde. Gemeinsam haben wir alles im Gebet vor den Herrn

Jesus gebracht, der immer bereit ist, unsere Sünde zu vergeben, ganz gleich, zu welcher Stunde wir zu ihm kommen und wie groß und schwer der Schuldenberg ist. Zum ersten Mal stellte der Mann sein Leben ganz klar unter die Führung Jesu. Er durfte Vergebung und Befreiung von aller seiner Schuld und tiefen Frieden in seinem Herzen erfahren. So kam es zu einer „Nikodemusgeburt". Darüber vergingen einige Nachtstunden wie im Fluge. Äußerlich bettelarm, aber im Herzen tief dankbar und froh für alle erfahrene Vergebung und Glaubenshilfe verabschiedete er sich von mir.

Ungefähr vierzehn Tage nach dieser Begegnung musste unser Bruder mit starken Kopfschmerzen und Erbrechen ins 150 Kilometer entfernte Krankenhaus gebracht werden, wo er nach wenigen Stunden an einer Gehirnblutung verstarb. Wie tief traf uns dieses Geschehen! Und doch lag viel Erbarmen Gottes darin, dass er im Frieden Gottes heimgehen konnte.

Ein anderes Erleben werde ich auch nicht vergessen. Einer unserer Glaubensbrüder hatte sich mit seiner Frau vorgenommen, nach der nächsten Kaffeeernte Gott den Zehnten von allen Einnahmen zu geben. Sie hatten eine so gute Ernte, die all ihre Erwartungen übertraf. Aber die Sache mit dem Zehnten hatten sie etwas zurückgestellt und nicht mehr an ihr Gelübde vor Gott gedacht. Außerdem wusste ja auch kein Mensch etwas davon. Sie hatten sich einiges für den Haushalt angeschafft.

Plötzlich erkrankte ihr ältestes Kind und musste ins Krankenhaus eingeliefert werden. Das Leben des Kindes hing an einem seidenen Faden und es war fraglich, ob es die Krankheit überstehen würde. In der Gemeinde wurde viel für das Kind gebetet. Dann kam der Tag, an dem es zu unser aller Freude entlassen werden konnte. Die Arztkosten und die Kosten des Krankenhausaufenthaltes waren sehr hoch. Um alles zu bezahlen, musste sich unser Bruder Geld leihen.

In der darauffolgenden Zeugnisstunde, die wir von Zeit zu Zeit in der Kirche hatten, legte er ein bewegendes Zeugnis ab. Er legte die Karten offen auf den Tisch und erzählte davon, dass sie nach der überdurchschnittlich guten Kaffeeernte Gott das Geld für den Zehnten vorenthalten hatten. Als dann ihr Kind so schwer erkrankt war und es aber doch mit dem Leben davonkam, war es ihnen, als hätten sie es ein zweites Mal neu geschenkt bekommen. Die Freude war groß, aber der Schrecken über die hohe Arzt- und Krankenhausrechnung auch. Der Betrag, den er an das Krankenhaus bezahlen musste, war viermal so hoch wie der Betrag des Zehnten, den er Gott vorenthalten hatte. Dieses aufrichtige Bekenntnis hat viele Herzen erreicht und zum Nachdenken gebracht.

Opfere Gott Dank und erfülle dem Höchsten deine Gelübde. (Psalm 50,14)

Dieses Gotteswort hatte für viele einen neuen Stellenwert bekommen.

Aber auch das gab es: Eine gläubige Frau bat mich um Rat in einem seelsorgerlichen Gespräch. Es war ihr beim täglichen Bibellesen klar geworden, den zehnten Teil von ihrem Wirtschaftsgeld für das Reich Gottes zu geben. Ihr Mann, der keine lebendige Glaubensverbindung zu Gott hatte, war damit nicht einverstanden. Das machte ihr Not. Ich konnte ihr nur raten, die Entscheidung ihres Mannes zu respektieren. Das war ihr zunächst eine Hilfe. Darüber vergingen einige Jahre. Schließlich hatten beide Eheleute eine Kompromisslösung gefunden. Die Frau sagte mir eines Tages, dass sie mit ihrem Mann einig geworden sei, wenn er einmal zuerst sterben würde, dann sei sie frei und könnte ihrem Gott den Zehnten geben. Sollte es aber umgekehrt sein, dann hätte sich alles erübrigt. Sie führten weiter eine gute Ehe und es wurde nicht mehr über Geld diskutiert. Der Mann erlaubte es seiner Frau auch weiterhin, an den Gemeindeveranstaltungen teilzunehmen. Ab und zu kam er auch mit, blieb aber innerlich auf Distanz. Seine Frau und viele Menschen beteten weiter für ihn, denn es ging ihr ja nicht in erster Linie um den Zehnten für Gott, sondern darum, dass ihr Mann auch eine Glaubensverbindung zu Jesus Christus bekam.

Wieder vergingen Jahre. Eines Tages teilte sie mir mit, dass sich ihr Mann einer größeren Operation unterziehen müsse. Er wählte aber ein Krankenhaus, in welchem auch Diakonissen tätig waren. Vor der Operation betete eine Schwester noch mit ihm. Die Operation verlief über Erwarten gut und die Entlassung stand bevor. Doch zuvor übergab er sein Leben ganz bewusst in die Hände Jesu. Da wurde auch offenbar, dass er in Freimaurerei verstrickt war. Das waren die Bande, die ihn in all den Jahren davon abgehalten hatten, eine klare Entscheidung für Jesus zu treffen. Doch nun war er ein erlöstes Gotteskind und seine Frau war überglücklich und von Herzen dankbar für die sichtbar gewordene Gebetserhörung. Sie hatten die Entlassungspapiere bereits in der Hand, als ganz plötzlich eine Embolie auftrat. Trotz sofortiger, ärztlicher Hilfe konnte das Leben des Mannes nicht mehr gerettet werden. Wenngleich die Trauer sehr groß war, war doch die Freude über seine Errettung noch größer. Bewegten Herzens erzählte mir diese liebe, leidgeprüfte Frau alles, und wir konnten Gott nur danken für seine unaussprechliche Geduld, mit der er uns nachgeht und unsere Schuld vergibt.

Wieder vergingen die Jahre. Da wurde ich bei meinem Heimataufenthalt in unserer Missionszentrale angesprochen. Eine Frau S. habe ihnen einen hohen Geldbetrag überwiesen und meinen Namen erwähnt. Sie wollten um den Zusammenhang wissen. Zuerst musste ich überlegen, bis ich an jene Frau erinnert wurde, die mir seinerzeit die

Sache mit dem Zehnten anvertraut hatte. So war es auch. Sie hatte mich unterdessen wissen lassen, dass sie über viele Jahre hinweg den Betrag des Zehnten aufgeschrieben hatte. Nun sei ihr Mann zuerst gestorben und sie war frei, mit Freuden den Betrag der Mission für die Reichsgottesarbeit zu spenden.

Haben wir nicht einen treuen Gott?!

7

Nur ein Dokument fehlte!

Und schon waren umgerechnet 1500 Euro Strafe fällig. Was war geschehen?

Wir standen noch in der Aufbauphase unserer neuen Missionsstation in Porto Brasilio/Parana in Brasilien. Das Missionarshaus war bereits gebaut. Doch das Schwesternhaus mit Ambulatorium und Kreißsaal und auch ein Gemeindehaus waren noch im Bau. Der Tag der Einweihung rückte immer näher. Nun fehlten nur noch die Möbel. Diese sollten uns aus einem anderen Bundesstaat, über 1000 km entfernt, geliefert werden, denn in unserem kleinen Fischerdorf und darüber hinaus in der ganzen Gegend gab es keine Möbelfabriken. Unsere Missionsgeschwister in der Nähe und Ferne und natürlich auch der Bürgermeister und die Baufirma sowie die ganze Ortsgemeinde waren zur Einweihung eingeladen. Auch die Hühner für das Mittagessen waren schon bestellt. Für alle stand eine kräftige, gute Reissuppe auf dem Speiseplan. Diese sollte im großen, neuen Waschkessel des Ambulatoriums zubereitet werden. Für den Kuchen am Nachmittag war auch schon Vorsorge getroffen. Fleißig wurde geputzt und geschafft. Wenn nur die Möbel kämen, denn ohne sie konnten wir ja die Station nicht einweihen! Schließlich waren es nur noch acht Tage! Wenn wir uns nur irgendwie bemerkbar machen könnten! Handys gab es noch nicht, und auch sonst gab es damals keine Verbindung zur Außenwelt.

Familie Kahl und ich saßen am Frühstückstisch, als wir plötzlich zwei Männer am Gartenzaun wahrnahmen. Schon klatschten sie in die Hände, um sich bemerkbar zu machen. Sie waren per Anhalter von Maringa gekommen, das etwa 250 km entfernt ist, und waren die ganze Nacht unterwegs gewesen, um uns zu finden und zu benachrichtigen, dass unsere Möbel in Maringa auf der Polizeistation beschlagnahmt seien. Der Polizeichef, ein sehr strenger Mann, hatte beanstandet, dass ein wichtiges Dokument fehlte, nämlich die Ausfuhrpapiere von einem Bundesstaat in den anderen. Er hatte den Wert der neuen Möbel berechnet und eine Strafe von umgerechnet 1500 Euro erhoben. Dieses Schreiben überreichten uns die Männer. Wir waren zunächst wie gelähmt. Wie sollten wir diese Summe auftreiben? Doch zuerst versorgten wir die beiden Überbringer der schockierenden Nachricht mit einem kräftigen Frühstück. Dann wandten wir uns im Gebet an Gott und vertrauten ihm einfach, dass er alles noch zu einem guten Ende führen wolle. Herr Kahl und ich fuhren dann mit den Männern nach Maringa. In meinem Herzen musste ich immer wieder an das Gotteswort aus Jesaja 28,29 denken:

Auch das kommt her vom Herrn Zebaoth, denn sein Rat ist wunderbar, und er führt es herrlich hinaus.

Um die Mittagszeit kamen wir in Maringa an. Die beiden Männer wussten, wo der Polizeichef sein Mittagsmahl einnahm. Ja, er war da. Ich wollte ihn nicht beim Essen stören und begrüßte ihn nur kurz und freundlich. Wir verabredeten uns für ein Gespräch nach dem Essen.

Nun stand er vor mir als einer, vor dem man sich wirklich fürchten konnte. Die beiden Männer hatten nicht übertrieben, als sie ihn uns beschrieben. Mit innerer Ruhe und Gelassenheit erzählte ich ihm von meinem Dienst, während er ein Schreiben in seiner Hand hielt und mit fester Stimme sagte: „Wenn Sie diese Summe nicht bezahlen können, dann müssen Sie eben die Station ohne die Möbel einweihen."

Die nun folgenden Augenblicke verbrachte ich betend vor Gott und hielt ihm voll Vertrauen sein Wort vor. Dann wollte der Chef noch wissen, ob ich mich auch um die Inselbewohner kümmerte. Das bejahte ich. Unsere Station lag ja am Flussufer des großen Paranaflusses, der um die dreihundert kleine und große Inseln aufwies. Ich konnte ihm von manch einem bewegenden Gotteserleben berichten. Plötzlich bemerkte ich, dass eine Wandlung in ihm vorging. Er nahm das Dokument von einer Hand in die andere, schaute mich an, dann wieder das Dokument. Dabei spielte sich ein Kampf in ihm ab, der deutlich zu sehen war. Schließlich zerriss er das Blatt Papier vor meinen Augen und sagte: „So, nun können Sie Ihre Station mit allen Möbeln einweihen. Geben Sie den beiden Männern noch ein gutes Trinkgeld und versorgen Sie sie gut." Das war für uns selbstverständlich.

Nun war das grimmige Gesicht meines Gegenübers verwandelt und brachte sogar ein zaghaftes Lächeln hervor.

Mit einer freundlichen Geste verabschiedeten wir uns, im Herzen tief dankbar dafür, *zu wissen, dass wirklich alles von Gott kommt und er auch alles nach seinem wunderbaren Rat herrlich hinauszuführen vermag.*

Es lohnt sich, ihm bedingungslos zu vertrauen.

8

Wieder etwas Neues

Auf allen Missionsstationen gab es für mich etwas Neues zu lernen. Auf meiner letzten Station in Porto Brasilio war ich nicht wenig erstaunt, dass auch die Ärmsten der Armen ein Scheckbuch besaßen.

Ich hatte einem Mann eine Medizin verkauft, die nur wenig kostete. Als ich ihm den Preis sagte, zog er sein verknittertes Scheckheft aus der Hosentasche und wollte, dass ich ihm den Preis eintragen möchte. Ehrlich, ich hatte bis dahin noch nie ein Scheckbuch in der Hand gehabt. Dann nahm er das Heft und kritzelte ziemlich unleserlich seinen Namen auf den Scheck. Ich fragte mich, ob der Scheck wohl von der Bank angenommen würde? Nun, der Mann blieb nicht der Einzige, der mir sein Scheckbuch zur Eintragung des Geldwertes hinhielt. Manchmal hatte ich eine ganze Handvoll solcher Schecks, die mitunter Fettflecken und andere Spuren von Schmutz aufwiesen. Wenn sie gar zu viele Eselsohren hatten, musste ich sie erst einmal etwas bügeln. Ich schämte mich, sie so auf der Bank abzugeben. Doch die Bankbeamten lachten, sie kannten solche Überraschungen. Viel notvoller war es, wenn die Schecks nicht gedeckt waren. Auch das habe ich nicht nur einmal erlebt.

Doch wie war es überhaupt möglich, dass auch Analphabeten zu einem Scheckbuch kamen? Sie verdienten sich ihren kärglichen Unterhalt dadurch, dass sie Feldarbeit verrichteten. Oft gingen sie in kleinen Gruppen schon vor Tage mit der Hacke und einem Wasserbehälter und manchmal auch mit einem Kind auf dem Arm auf die Felder. Nicht selten lief auch noch ein Hund nebenher. Meistens war ein Aufseher auf dem Feld, der die Arbeitsstunden der Einzelnen notierte. Zum Wochenende gab es die Auszahlung, und zwar in Form eines Schecks. Denn so viel Kleingeld hatte keiner, alle Beträge in Münzen auszuzahlen. Wer hätte dann wirklich alles Geld mit nach Hause gebracht und nicht schon unterwegs verloren? Und Hosentaschen ohne Loch gab es auch selten. Da war die Sache mit dem Scheck schon etwas sicherer. In Stoßzeiten, wie z.B. zur Baumwoll- oder Kaffeeernte, war die ganze Familie auf dem Feld. Da erhielten sogar die Kinder ihren Scheck. Sie wollten sich neue Schuhe oder Schulmaterial oder anderes mehr kaufen und waren ganz stolz über ihr selbstverdientes Geld. Oft wurden die Schecks aber auch gleich in den kleinen Tante-Emma-Laden getragen, um damit die Schuldenberge zu begleichen. Wenn dann noch Geld übrig blieb, wurde wieder ein neuer Scheck ausgestellt.

Ich lernte von ihnen, es ebenso zu machen, sonst hätte ich kein Kleingeld mehr in meiner Kasse gehabt. Oder ich gab ihnen einen Scheck von mir,

denn auch ich kam nicht umhin, mir ein Scheckbuch zuzulegen. Ja, ich hatte sogar einige, weil ich
der hohen Inflationsrate wegen mein Geld immer
auf verschiedenen Banken deponiert hatte, damit
ich jede Woche meine Medikamentenrechnun-
gen bezahlen konnte. Man musste einfach immer
rechnen und umrechnen, für sich und andere.

Einmal hatte ich einen Scheck in der Hand, der
ganz verführerisch war. Da stand in Ziffern 4.000.
Ich hatte nicht gleich bemerkt, dass darunter in
Worten schlecht leserlich „Eintausend" stand. Nun
kann man aus einer Eins auch leicht eine Vier machen. „Der ausgeschriebene Betrag zählt, denn das
Umändern der Summe ist Betrug, der angezeigt
werden kann", sagte mir der Bankbeamte. Nur gut,
dass ich noch wusste, wer mir den Scheck gegeben
hatte. Ich bat den Betreffenden, einmal kurz bei
mir vorbeizukommen. Es war ein junger Mann. Er
kam und ich unterbreitete ihm, was ich mit seinem
Scheck erlebt hatte. Er war etwas verlegen und sagte
mir, dass er die Ziffer verändert und gehofft hatte,
ich würde es nicht merken. Er habe das Wechsel-
geld gebraucht und auch schon ausgegeben. Doch
schließlich versprach er mir, die fehlende Summe
zurückzugeben, und das tat er dann auch.

Ein Sprichwort sagt: „Lügen haben kurze Bei-
ne", und Gottes Wort sagt in Johannes 8,32:
Die Wahrheit wird euch frei machen.
Darum ist es gut, immer auf dem Weg der Wahrheit zu bleiben.

9

In Gottes Schule

Geh hin zur Ameise, du Fauler,
sieh an ihr Tun und lerne von ihr.
Sprüche 6,6

So steht es in der Bibel. In Brasilien hatte ich täglich Anschauungsunterricht aus der Ameisenwelt, und das immer gratis.

Bald hatten wir es mit fliegenden Ameisen zu tun, dann wieder mit weißen oder braunen oder schwarzen, mal mit großen, dann wieder mit kleinen. Bald waren es die Wanderameisen, die in großen Scharen plötzlich da waren, die aber auch, wenn sie das Haus durchlaufen hatten, so schnell wie sie gekommen waren das Haus auch wieder verließen. Dann waren es die sogenannten Schlepper, die stillschweigend in einer Nacht ein Blütenbeet abtrugen oder uns das Gemüse aus der verschlossenen Speisekammer in ihr Nest schleppten. Das alles erlebte ich des Öfteren, nicht zu meiner Freude, eher zu meinem Entsetzen, wenn ich dann nur noch vereinzelte Gemüsespuren vorfand.

Dann wieder konnten wir uns nicht vor der Menge der winzig kleinen Ameisen wehren, die selbst vor dem Kühlschrank nicht Halt machten.

Sie fürchteten sich vor keiner Speise, waren einfach überall, erst recht in den süßen Speisen wie Marmelade und Zucker. Alles mussten wir im Kühlschrank verstauen. Und wenn wir uns am Abend todmüde in unsere Betten legten, waren sie auch wieder da. So akzeptierten wir sie einfach als unsere Haustierchen, genauso wie die kleinen Frösche, die auch zu unserem Inventar gehörten!

Doch sagt uns Gottes Wort: Geh hin zur Ameise und lerne von ihr. Als ich diesen Text den Kindern in der Sonntagsschule und dann auch in der Frauenstunde weitergab, wollten wir ihn gleich praktizieren. Wir brauchten nicht lange nach Ameisen zu suchen, sie waren einfach überall. Wir beobachteten, wie sie an der Tür hinauf- und hinunterliefen. Was uns dabei auffiel, war, dass keine an der anderen vorbeilief, ohne einen kleinen Augenblick zu verweilen. Dann lief sie in ihrer Richtung weiter. Was hatte uns das zu sagen? Die Ameisen begrüßten einander. Keine überging die andere oder machte einen Bogen um sie. Sie ignorierten sich nicht gegenseitig, weil eine die andere nicht mochte, wie das bei uns oft der Fall ist. Wir bringen es manchmal fertig, einen großen Bogen um den anderen zu machen oder schnell einen anderen Weg einzuschlagen oder einfach wegzuschauen, wenn wir jemanden nicht mögen. Da können wir viel von den Ameisen lernen. Es war uns ein wertvoller Anschauungsunterricht, weil wir oft aneinander vorbeilaufen, ohne einen Gruß zu entbieten. Diese Lektion blieb nicht ohne Wirkung. Sie prägte selbst die Gottesdienste und das Gemeindeleben positiv. Und wenn sich die alten Gewohnheiten wieder einschleichen wollten, erinnerten wir uns gegenseitig daran: Denk an die Ameisen!

Ja, die Bibel fordert uns auf, von ungewöhnlichen Lehrmeistern zu lernen, so z.B. von den Lilien auf dem Felde (Matthäus 6,28-32):

Schauet die Lilien auf dem Felde, wie sie wachsen. In dem Zusammenhang erwähnt Jesus auch das Gras auf dem Felde, das Gott kleidet, obwohl es heute steht und morgen in den Ofen geworfen wird. Er wollte seine Jünger aus dem Loch des Kleinglaubens herauslocken. Wieder ein andermal lenkt er unseren Blick auf die Sperlinge, die nicht ohne den Vater im Himmel auf die Erde fallen, obwohl sie keinen Kaufwert haben (Matthäus 10,20-31) und fügt hinzu:

Fürchtet euch nicht, ihr seid besser als viele Sperlinge.
Dann wieder richtet er unser Augenmerk auf ein Kind, wenn er sagt:

Wenn ihr nicht umkehret und werdet wie die Kinder, so werdet ihr nicht ins Himmelreich kommen. (Matthäus 18,3)
Schließlich werden auch die Ameisen in der Bibel erwähnt ... Was uns sonst verborgen bliebe, verstehen wir durch sie. Also auf zum nächsten Ameisenhaufen! Wir sollen aber nicht gedanken-

los auf ihnen herumtrampeln, sondern von ihnen lernen, diesen Geschöpfen Gottes, die unendlich viel kleiner sind als wir. Sie können uns etwas Wichtiges beibringen! Diese kleinen, unscheinbaren Tierchen laufen und laufen und schleppen am Ende einen großen Nahrungsvorrat zusammen. Die Ameisen tun das nicht unter Druck und auch nicht mit Lärm und nicht mürrisch. Kein Aufseher treibt sie an. Sie kennen ihre Aufgabe.

Wer im Leben etwas erreichen will, muss ein Lernender bleiben. Das will ich mir merken und eine Lernende bleiben, bis an mein Lebensende.

Darum: Geh hin zur Ameise – sieh an ihr Tun – und lerne von ihr. „Bleib in Gottes Schule!"

10

Sorget nicht

Wir hatten von Anfang an in unserer Gemeinde eingeführt, dass zum Gottesdienst auch die Kollekte gehört. Es ist wahr, wir lebten praktisch unter den Ärmsten der Armen. Sollten wir da überhaupt eine Kollekte erheben? Doch es war uns klar, dass auch arme Menschen Gott Dank schuldig sind. Es kam nur darauf an, wie wir ihnen das beibrachten und selbst praktizierten.

Dann und wann gab es einen Zeugnisgottesdienst, und ich erinnere mich noch heute dankbar an so manch mutmachendes Zeugnis unserer Glaubensgeschwister, die Gott ihr sonntägliches Opfer aus Dank und Liebe darbrachten.

Einmal kam eine Frau nach vorne und berichtete, dass es ihr schon länger große Not bereite, dem Herrn kein Dankopfer bringen zu können. Da habe ihr Gott eine Idee ins Herz gegeben, sich ein paar Küken großzuziehen. Diese entwickelten sich zu prächtigen Hühnern und legten Eier, die sie dann verkaufen konnte. Voller Freude und Dankbarkeit brachte sie nun dem Herrn „ihr Dankopfer".

Eine andere Frau hatte Kaffee geerntet. Den wollte sie verkaufen, damit sie auch ein Dankopfer hatte. Niemand hatte sie darum gebeten. Da wurde sie von einer Bekannten gefragt, ob sie ihr nicht etwas Kaffee verkaufen könnte. Sie habe nur kein Geld bei sich, doch sie wolle ihr das Geld so schnell wie möglich zukommen lassen. Unsere Frau zögerte, denn sie wollte den Kaffee ja als ihr Dankopfer aufheben. Doch dann willigte sie ein und wartete jeden Tag auf das Kaffeegeld. Darüber vergingen ein paar Wochen und der Opfersonntag stand vor der Tür. Was sollte sie nur tun? Aber einen Tag vorher bekam sie endlich das Geld. Unsere Frau bezeugte dann im Gottesdienst, dass ihr dies eine Lehre gewesen sei. Sie wolle zukünftig nichts mehr wegnehmen oder verleihen, von dem, was für den Herrn bestimmt ist.

Auch die Kinder wollten mit ihrem Opfer nicht fehlen. Es war oft bewegend, wenn sie ihre kleinen Scherflein von der Baumwollernte nach vorne brachten.

Es war Sonntag und ich hatte den Gottesdienst zu halten. Da fiel mir einer unserer Glaubensbrüder auf, der mich während des ganzen Gottesdienstes nur anstrahlte. Als ich ihn dann nach dem Grund seiner großen Freude fragte, da erzählte er mir, dass er eigentlich heute gar nicht zum Gottesdienst hatte kommen wollen, weil er kein Geld für die Kollekte hatte. Der Fischfang der letzten Woche sei so schlecht gewesen, dass er noch nicht einmal seine anstehenden Rechnungen im kleinen Tante-Emma-Laden bezahlen konnte. Daraufhin habe seine Frau ihn ermutigt, doch noch einmal die Angel auszuwerfen. Er habe ihr entgegnet: „Frau, bei strahlendem Sonnenschein beißt kein Fisch an!" Aber auf ihr Drängen hin habe er es schließlich doch getan. Während er zum Fluss ging, betete die Frau zu Hause. Und siehe da, ein dicker Fisch war an der Angel, den er gleich am Flussufer verkaufen konnte. Dann habe er den Erlös mit seiner Frau geteilt und auch die Kinder hätten ihr Opfer für die Sonntagsschule erhalten. Nun konnten alle freudestrahlend zum Gottesdienst kommen!

Als ich ihn dann fragte, ob er auch etwas davon für den nächsten Tag zurückbehalten habe, antwortete er ganz verwundert: „Aber, Schwester Ilse, das Geld habe ich doch *für heute* gebraucht, morgen ist wieder eine neue Gelegenheit, Gott zu vertrauen und Geld zu verdienen."

Und das sagte ein Analphabet, der kein Bankkonto oder irgendwelche Aktien besaß. Wie sehr beschämte mich diese Glaubenshaltung! Ich wurde dabei an Jesu Worte in der Bergpredigt erinnert:

Sorget nicht für den andern Morgen, denn der morgige Tag wird für das Seine sorgen. Es ist genug, dass ein jeglicher Tag seine eigene Plage habe. (Matthäus 6,34)

11

Vom Spötter zum Gottsucher

Etliche meiner Patienten waren in der glücklichen Lage, lesen und schreiben zu können. Zu ihnen gehörte auch Sr. Adalberto. Er war Förster von Beruf und wohnte mit seiner Familie in einer Siedlung, ungefähr drei Kilometer von uns entfernt. Meistens kam er zusammen mit einigen Freunden und wollte Medizin für diesen und jenen kaufen. Da bot sich immer eine gute Gelegenheit, mit ihm ins Gespräch zu kommen. Natürlich bekam er auch jedes Mal ein Evangeliumsblatt mit auf den Weg. Er nahm es an, konnte es aber nicht lassen, jedes Mal über Gott zu spotten. Sollte ich ihm dann überhaupt noch eine Schrift geben?

Doch einmal wurde ich innerlich gedrängt, ihm sogar ein Neues Testament zu schenken. Ob er es lesen würde? Er steckte es spöttelnd ein und ging. Ich konnte nur für ihn beten.

Darüber vergingen einige Monate. Schließlich kam er wieder, doch diesmal allein. Er wollte keine Medizin. Kaum hatte er die Tür zum Ambulatorium geöffnet, da sprach er mich auch schon an: „Wissen Sie, Schwester Ilse, das ist ja furchtbar, was die Menschen alles mit diesem Jesus gemacht haben! Ich habe es in Ihrem Buch gelesen. Das hat mich richtig gepackt. Ich muss mehr über diesen Jesus wissen. Können Sie mir bitte eine Bibel besorgen? Aber ich möchte die teuerste, die es gibt."

Ich traute meinen Ohren kaum. War das wirklich die Stimme von Sr. Adalberto? Ich bestellte ihm eine teure Bibel in unserem Schriftenverlag, bekam aber zur Antwort: „Sie arbeiten doch unter armen Menschen. Ob es ein Versehen ist, dass Sie gerade eine teure Bibel haben möchten?" Ich bestätigte diese Frage mit einem „Ja". Die Bibel wurde mir zugeschickt und auch sofort bezahlt. Ich konnte nur glauben und hoffen und weiter für Sr. Adalberto beten, dass er auch wirklich darin las und dadurch gesegnet wurde. Die Veränderung in seinem Wesen war auffallend. Anstelle von Spott war jetzt Gottesfurcht zu spüren.

Kurze Zeit später stand er wieder vor meiner Tür. Auch diesmal wollte er keine Medizin, sondern nur seine Frau zu einem Gespräch anmelden. Als eine Hilfesuchende kam sie zu mir. Sie hatte schon mehrere Kinder und war nicht mehr jung. Darum hatte sie auch nicht mehr damit gerechnet, noch einmal schwanger zu werden. Doch gerade das geschah. Sofort waren die Nachbarn zur Stelle. Sie wussten um viele Abtreibungspraktiken und boten sich sofort an, diese anzuwenden. Doch die Frau wollte zuvor einen Rat bei mir einholen. Es war klar, dass ich dem Rat der Nachbarn nicht zustimmen konnte. Ich war bereit, mich dafür einzusetzen, werdendes Leben zu retten und nicht zu töten. Doch die Entscheidung musste sie selbst treffen. Nach einem mutmachenden Gespräch verließ sie das Ambulatorium und meldete sich zur Geburt ihres Kindes an.

Es gab noch so manche gesundheitlichen Hürden zu überwinden. Dann kam der Tag der Geburt. Die Mutter war ganz darauf eingestellt, diesmal wieder einem Jungen das Leben zu schenken und hatte dementsprechend auch die Babyaussteuer auf „blau" angelegt. Doch dann kam die große Überraschung, als Gott der Familie ein gesundes Mädchen anvertraute. Die Freude und der Jubel waren bei allen riesengroß. Der bis dahin Jüngste in der Familie war sechs Jahre alt. Ganz verwundert fragte er seine Mutter: „Mutter, was hat sie denn zur blauen Badewanne gesagt?"

Dadurch, dass die Plazenta angewachsen war, verlief die Geburt nicht komplikationslos. Doch Gott erhörte mein inneres Flehen und erhielt Mutter und Kind wunderbar am Leben. Auch der Vater war dankbar erfüllt davon und wir traten gemeinsam vor Gott und befahlen ihm das neugeschenkte Leben sowie die ganze Familie an.

Kurz darauf wurde der Vater von seiner Firma in ein anderes Forstgebiet versetzt. Doch zuvor kam er noch mit seiner ganzen Familie bei strömendem Regen, und bat mich, sie alle zu segnen. Das tat ich bewegten Herzens. Gerne nahmen sie noch verschiedene Evangeliumsblätter und auch einen christlichen Kalender mit und wollten weiter in der Bibel lesen.

Ich aber erlebte buchstäblich die Wahrheit des Gotteswortes:

Gott zieht die Spötter zu sich. (Hosea 7,5)

12

Keinen Tag später

Es war auf einer meiner letzten Besuchsreisen nach Brasilien. Dadurch, dass unser Mutterhaus in Curitiba, der Hauptstadt des Bundesstaates Parana, liegt, haben wir dort ein willkommenes Absteigequartier oder auch ein Sprungbrett für weitere Missionsreisen in das Landesinnere. Weil ich verschiedene Missionsstationen besuchen wollte, stellte ich mir einen Plan zusammen. Einige Besuche, die ich in Curitiba machen wollte, hob ich mir für die letzte Woche meines Aufenthaltes in Brasilien auf.

Doch da erinnerte mich Gott an eine Frau in einem Altenheim, die ich gleich in der ersten Woche besuchen sollte. Es war drückend heiß und ich war noch müde von der langen Reise und war geneigt, den Besuch lieber auf später zu verschieben. Aber ich wurde innerlich gedrängt, die Frau zu besuchen. Schließlich machte ich mich aller Müdigkeit und Hitze zum Trotz auf den Weg zum Altenheim. Ich klopfte kaum an die Zimmertür, da stand Frau H. auch schon vor mir und bekundete ihre große Freude. Sie konnte es schier nicht fassen, dass ich plötzlich vor ihr stand, denn sie hatte sich doch so sehr ein Gespräch mit mir gewünscht. Doch sie wusste auch, dass ich ja jetzt in Deutschland lebte und von daher keine Gesprächsverbindung möglich war.

Sie hatte mittlerweile schon die 80 überschritten. Die Sehkraft und das Hörvermögen waren durch das fortgeschrittene Alter sehr beeinträchtigt, aber ihr Geist war noch klar, und an viele Erlebnisse aus der Vergangenheit konnte sie sich gut erinnern. Voller Dankbarkeit und Freude erzählte sie mir von ihren Kindern und Enkelkindern, die zum Teil schon ganz bewusst eine klare Entscheidung für Jesus getroffen hatten. Sie suchte Fotos zusammen, um sie mir zu zeigen. Eine andere Heimbewohnerin gesellte sich hinzu und freute sich mit uns. Es lag mir am Herzen, unseren Blick auf die Ewigkeit zu lenken, die unseres Glaubens Ziel ist.

Plötzlich bat Frau H. die liebe Mitbewohnerin, jetzt bitte ihr Zimmer zu verlassen, weil sie noch allein mit mir sprechen wollte. Sie schloss die Tür von innen zu und brach in Tränen aus mit den Worten: „Schwester Ilse, ich kann mich nicht auf die Ewigkeit freuen. Darum hatte ich mir ein Gespräch mit Ihnen gewünscht, obwohl ich wusste, dass dies nicht möglich sein konnte, da Sie doch jetzt nicht mehr in Brasilien sind. Und nun hat Gott meinen Wunsch gehört und Sie zu mir geschickt." Sie ließ ihren Tränen freien Lauf und konnte vor Schluchzen kaum ein Wort hervorbringen. Doch dann legte sie ein Schuldbekenntnis ab, dessen Wurzeln viele Jahrzehnte zurücklagen. Welch ein Sieg und Triumph der Gnade Gottes! Wir konnten alles im Gebet vor den Herrn Jesus bringen, der für unsere Sünden gestorben ist und uns mit seinem Blute Gott erkauft hat. Er hat unsere Sünden in die Tiefen des Meeres geworfen, und niemand kann sie mehr hervorholen. Das waren bewegte Augenblicke in der Gegenwart Gottes. Sie sagte noch: „Jetzt ist eine zentnerschwere Last von meinem Herzen gefallen, wie konnte ich sie nur so lange mit mir herumschleppen!" Nun brach sich der Dank für die erfahrene Vergebung und die Freude auf die Ewigkeit Bahn.

Es war Samstag. Meistens wurde Frau H. am Sonntag zum Gottesdienst abgeholt. Darum verabschiedete ich mich mit den Worten: „Auf Wiedersehen, bis morgen." Doch sie fügte hinzu: „Ich weiß nicht, ob ich morgen kommen kann." Dann begleitete sie mich noch zum Zimmer einer anderen Frau und wir mussten uns trennen, im Herzen tief dankbar für alle erfahrene Vergebung und Güte Gottes. Sie erwartete an diesem Tag noch ihren jüngeren Sohn, der seine Mutter ab und zu besuchte.

Wie erschüttert war ich, als ich am nächsten Morgen nach dem Gottesdienst erfuhr, dass Frau H. in der Morgenfrühe nach einem plötzlichen Schlaganfall im Krankenhaus verstorben sei. Sie war eher in der Ewigkeit, als ich im Gottesdienst. Immer wieder musste ich Gott danken, dass er mich zum Gehorsam bewegt hatte und ich Frau H. noch zur r e c h t e n Zeit besucht hatte. Es hätte wirklich keinen Tag später sein dürfen.

13

Gott tut alles fein zu seiner Zeit

Fast auf allen Missionsstationen erlebte ich Wassernot. Entweder musste der Brunnen wieder einmal tiefer gegraben werden, oder ein neuer sollte den alten ersetzen, oder aber er war durch einen Erdrutsch verstopft. Alle diese Nöte trieben mich immer wieder im Gebet zu Jesus und ich durfte erleben, dass Gott oft auf wunderbare Weise antwortete, auch wenn er mich mitunter lange warten ließ.

Auf einer Station war der Brunnen schon einige Male tiefer gegraben worden und hatte nun schon über 30 Meter Tiefe erreicht. Sollte der Wasservorrat jetzt schon wieder erschöpft sein? So sehr wir uns auch bemühten, wir zogen den Eimer immer wieder leer aus dem Brunnen. Was nun? Wer konnte uns helfen? Wir erkundigten uns in der Nachbarschaft. Doch die lieben Nachbarn wussten auch keinen Rat. Sie sagten uns nur, dass es in der ganzen Gegend lediglich einen Brunnenbauer geben sollte. Doch niemand wusste, wie er hieß und wo er zu erreichen war. Nur eines war bekannt: Er war pechschwarz.

Zu der Zeit hatte ich vorübergehend eine zweite Schwester zur Seite. Wir hatten die Wassernot im

Gebet gemeinsam vor Gott ausgebreitet. Brauchten wir doch nicht nur für den Haushalt und den Garten, sondern auch für die Krankenpflege und die Geburtshilfe so dringend das kostbare Wasser! Wir waren sehr dankbar für unsere Dusche, ein besonders sparsames Modell. Es war nämlich eine Ziehdusche, also ein Eimer, der unten an der Außenseite einen Hebel hatte. Wir konnten den Eimer mit kaltem oder warmem Wasser füllen, je nach Bedarf. Er wurde hochgezogen und an der Wand und Zimmerdecke gut befestigt, und dann konnte man das kostbare Nass über sich ergehen lassen, sofern man welches hatte. Dabei war der Verbrauch sehr gering. Später sehnte ich mich so manches Mal nach dieser einfachen Dusche zurück, weil wir auf den Stationen, wo es schon Elektrizität gab, oft mit einem Stromausfall rechnen mussten.

Wie gut, dass uns die Nachbarn gestatteten, hin und wieder einen Eimer voll Wasser von ihnen zu holen. Auch darüber waren wir froh, dass es ab und zu regnete. So konnten wir in mehreren Gefäßen Regenwasser sammeln. Äußerst sparsam gingen wir damit um. Das war natürlich nur eine Notlösung, die uns immer wieder einsam und gemeinsam ins Gebet zu Gott trieb. Und doch war ich von Herzen dankbar für alles, was ich in Notzeiten lernen durfte, und das schon von früher Jugend an.

Es war an einem Morgen, als wir gerade zusammen die Bibel gelesen und gebetet hatten. Ganz zuversichtlich vertrauten wir Gott wieder unser

Wasserproblem an. Wir hatten gerade „Amen" gesagt, als ich bei einem flüchtigen Blick durch das Fenster einen pechschwarzen Mann auf der anderen Straßenseite sah, die sonst fast menschenleer war. Ob er wohl jemanden wusste, der uns helfen konnte? Ich eilte zur Tür und sprach ihn an. Ich erklärte ihm unsere große Not. Verwundert schaute er mich an und strahlte über das ganze Gesicht. Dann sagte er: „Der einzige Brunnenbauer, den es hier weit und breit gibt, bin ich. Eigentlich wollte ich heute nach Hause fahren, doch auf Ihre Bitte hin komme ich morgen früh zu Ihnen."

Ob er wirklich kommen würde? Ja, er löste sein Versprechen ein und kam am nächsten Morgen pünktlich zur vereinbarten Zeit. Er schaute sich den Brunnen an, dann ging er ans Werk. Bis zum späten Nachmittag verrichtete er Schwerstarbeit. Aber er leistete sie vorbildlich, mit frohem Pfeifen und einem Lied auf den Lippen. Ja, er war uns wirklich ein Vorbild darin, schwerste Dreckarbeit noch nach Dienstschluss froh und dankbar anzunehmen.

Natürlich sind wir ihm auch keinen Dank schuldig geblieben. Wir konnten ihm nebst Lohn mit Wäsche und Lebensmitteln und einem Evangeliumstraktat eine große Freude bereiten. Überglücklich zog er dankbar seine Straße. Und auch wir waren von Herzen froh und dankbar für Gottes Eingreifen, gerade noch rechtzeitig.

Ja, es ist wahr, was in Prediger 3,11 steht:
Gott tut alles fein zu s e i n e r Zeit.

14

Du hast eine Grenze gesetzt

Immer wieder lässt Gott mich die Realität dieses Wortes aus Psalm 104,9 erleben, mal im eigenen Leben, dann wieder im Leben anderer, mal schockierend, mal bewahrend und wegweisend:

Du hast eine Grenze gesetzt.

Es war so weit, meine Jahresferien standen auf dem Plan. Eigentlich hätte ich noch dieses und jenes vorher erledigen wollen und müssen. Aber dafür gab es keine Zeit mehr. So nahm ich all die unerledigten Dinge in meinem Herzen mit und fuhr an den Strand. Hier konnten wir Schwestern während einiger Monate einen Ferienplatz belegen. Zusammen mit einer anderen Schwester verbrachte ich meine Ferienzeit dort. Doch zur Ruhe kam ich nicht. Mal stand das eine, dann das andere der unerledigten Dinge vor mir. Als ich dann das wütende Meer mit dem hohen Wellengang vor mir sah, war das nicht die beste Medizin für mein aufgewühltes Herz. Doch dann fiel mein Blick auf das Ufer, wo die heranbrausenden Wellen ausliefen. Es war, als hätte Gott jeder Welle ein Stopp geboten. Bis hierher und nicht weiter! Da konnte er mir in seinem Wort begegnen, und plötzlich konnten die Worte *Du hast eine Grenze gesetzt* aus Psalm 104 Gestalt in mir gewinnen. Je nach Bibelübersetzung steht das Wort „Du" 26 Mal in diesem Psalm. Gott selbst setzt Grenzen und verantwortet sie auch. Er verfolgt immer ein Ziel damit. Ich las diesen Psalm in den folgenden Tagen immer wieder, bis es tief in meinem Herzen still wurde. Was mich vorher so bedrücken wollte, verlor sein Gewicht, weil Gott eine Grenze gesetzt hatte. Es war nicht weg, bekam aber den richtigen Platz. Ich gab es an Gott ab und fing damit an, für Grenzen in meinem Leben zu danken, weil ich eine bewahrende Macht in ihnen entdeckte und erkennen durfte, dass hinter jeder Grenze eine Absicht Gottes steht.

Obwohl ich auf einer Station eingesetzt war, auf der es vorwiegend arme Menschen gab, lebten auf einigen Ländereien auch Großgrundbesitzer, die wohlsituiert waren. Bei ihnen fanden viele arme Leute zur Zeit der verschiedenen Ernten vorübergehend Arbeit und bekamen ein kleines Entgelt.

Eines Tages kam eine wohlhabende Frau zu mir ins Ambulatorium und wollte Medizin für einen ihrer Arbeiter kaufen. Die sportliche und vornehm gekleidete Frau war die Besitzerin eines der größten Landgüter in unserer Gegend. Sie war so reich, dass sie selbst nicht wusste, wie viel Stück Vieh sie besaß. Sie sagte mir: „Allein auf dem Landgut, auf dem ich lebe, haben wir mehr als 700 Ochsen." Aber sie besaß noch mehrere Ländereien an anderen Orten. Bekannt war sie auch dafür, dass sie die Gabe hatte, Tiere zu zähmen. Von Gott wollte sie nichts wissen. Sie suchte ihren Halt in fernöstlichen Religionen, war aber nicht abgeneigt, ein Evangeliumsblatt anzunehmen.

Eines Tages ging die Nachricht wie ein Lauffeuer durch den ganzen Ort: „Dona A. wurde vom Pferd geschleudert und lag bewusstlos in einem Graben." Man hatte sie gefunden und in ein Krankenhaus, ungefähr 400 km entfernt, gefahren. Das Resultat war erschütternd. Nach vielen Untersuchungen ergab die Diagnose: Querschnittslähmung. Dadurch, dass sie eine vermögende Frau war, konnte sie sich die teuersten Behandlungen leisten, immer mit der Hoffnung, eines Tages wieder laufen zu können. Sie war einige Male im Ausland, doch auch dort konnte man ihr nicht helfen. Sie blieb querschnittsgelähmt. Das war eine bittere, leidvolle Grenze, die Gott ihr setzte.

Viele Monate später saß sie in ihrem extra für sie angefertigten Wagen als eine Hilfesuchende vor mir. Wir hatten ein längeres Gespräch. Ich konnte ihr keine Heilung versprechen, verwies sie aber zielklar auf den lebendigen Gott und empfahl ihr, Gottes Wort zu lesen. Dona A. öffnete sich mehr und mehr dem Evangelium und gab mir einen tiefen Einblick in ihr Leben, das von Spiritismus und vielen Zaubereien durchsetzt war.

Es kam immer wieder einmal vor, dass plötzlich ein Wunderheiler auftauchte, der mit seinen magischen und okkulten Kräften den Menschen seine Hilfe anbot. Auch Dona A. bekam ein solches Angebot. Doch sie kam zuerst zu mir und fragte um Rat, den sie dann auch befolgte. Sie wollte nichts mehr mit okkulten Kräften zu tun haben und war dankbar für jeden wegweisenden Rat. Seitdem kam sie des Öfteren und bat mich auch darum, sie zu besuchen. Bei meinem ersten Besuch kam ich aus dem Staunen nicht heraus. Nie hätte ich solch einen Palast, tief im Wald, auf einer kleinen Anhöhe, vermutet. Man kam auch nur hin, nachdem man einige Wachposten passiert hatte. Hinter dem vornehm angelegten Haus befanden sich ein großer Swimmingpool und ein Fußballfeld und viele Sportgeräte, alles modern eingerichtet und vorbildlich sauber.

Einige Male konnte ich auf ihrem Landgut eine Andacht halten, für alle, die gerade anwesend waren. Ganz spontan bat sie mich ein anderes Mal, mit einigen Jugendlichen den Sonntagnachmittag bei ihr zu verbringen. Wir sollten unbedingt die Liederbücher mitbringen. Ganz selbstverständlich sang sie alle Lieder mit und fragte anschließend jeden Einzelnen von uns, wie er zu Jesus Christus stand. Daraus wurde eine lebendige, so nicht geplante Zeugnisstunde.

Wenn wir ein- bis zweimal im Jahr einen Bazar für die Armen durchführten, war sie auch zur Stelle, um für ihre Arbeiter und ihre Familien einzukaufen. Damit war sie uns eine große Hilfe.

Einmal kam sie, als ich gerade mit einigen Kindern und Jugendlichen in der Flötenstunde war. Sie war davon so begeistert, dass sie uns gleich einlud. Sie wollte uns noch benachrichten lassen. Als es so weit war, wurde dieser Tag zu einem einmaligen und unvergesslichen Erlebnis für uns alle.

Es war, wie wir vermuteten, der Geburtstag von Dona A. Ein Lastkraftwagen fuhr vor und holte uns ab. Auch aus der Kreisstadt war eine Musik-kapelle anwesend und viele prominente Personen. Wir kamen uns vor wie in einer anderen Welt und standen etwas verloren abseits, während immer mehr vornehm gekleidete Menschen kamen und an den langen Tischen Platz nahmen. Durch ein Signal wurde um Stille gebeten und Dona A. rief mich mit meiner Gruppe nach vorne. Nun waren wir an der Reihe. Jeder bekam ein Mikrofon in die Hand. Das war für unsere Kinder etwas ganz Neues. Doch dann spielten wir mit Freude unse-re eingeübten Lieder und sangen dazu. Ich sagte ihr noch ein Gotteswort für das neue Lebensjahr und fragte, ob ich noch ein Gebet sprechen dür-fe. Bewegten Herzens erlaubte sie mir das gerne. Anschließend durften wir Platz nehmen und uns bedienen. Es war schwer, eine Auswahl zu treffen, denn es gab viel zu viel. Allein die vielen Sorten Fleisch! Ein Ochse war geschlachtet worden, auch einige Schweine und Ziegen und viele Hühner. Berge von Nudeln und Kartoffelsalat standen in großen Kübeln zum Ausschöpfen bereit. Doch zum Glück gab es auch Reis und schwarze Bohnen, das Standardessen der Brasilianer.

Nach dem Essen machte sich die Müdigkeit bei uns bemerkbar und wir wollten unseren Heimweg antreten. Da rief Dona A. eine der Bediensteten und beauftragte sie, uns noch ausreichend Essen für die Familien mit nach Hause zu geben. Ein paar Kannen voll Milch und selbst angefertigten Käse sollten wir auch noch mitnehmen. Es war gegen 23.00 Uhr, als wir vollgepackt mit vielen guten Dingen vor unserer Haustür standen. Wir hatten so viel Essen, dass wir noch in der Nacht andere Familien damit beglücken konnten. Die Freude darüber war riesengroß. Eine Frau sagte: „Sie schickt der liebe Gott, denn ich wusste nicht, was ich morgen meinem Mann und den Kindern zu essen geben sollte." So wurde Dona A. auch eine Wohltäterin der Armen in unserer ganzen Gegend. Einige Male kam sie auch zum Gottesdienst, hörte im Rollstuhl aufmerksam auf Gottes Wort und nahm die Evangeliumstraktate an und gab sie auch weiter.

Doch dann setzte Gott ihrem Leben eine neue Grenze. Wir waren erschüttert, als wir davon hörten, dass man sie über Nacht enteignet hatte und sie stehenden Fußes unter Polizeibewachung ihr Landgut hatte verlassen müssen. Sie wurde in einem Augenblick bettelarm. Alles wurde vom Staat beschlagnahmt: die Ländereien, die Häuser mit allem Hab und Gut und der gesamte Viehbestand.

Doch nicht nur ihr, sondern allen Großgrundbesitzern soll es in jener Nacht so ergangen sein.

Da wurde mir erneut klar, wie arm, ja bettelarm und ohne Hoffnung reiche Menschen sind, die keine Verbindung zum lebendigen Gott haben. Viele Menschen aus dem Norden Brasiliens, die als „Volk ohne Land" bekannt waren, ließen sich über Nacht auf den Ländereien der Großgrundbesitzer nieder, zum Teil mit Gewalt. Sie konnten sich vom Staat unter bestimmten Bedingungen ein Stück Land erwerben. Wenn sie die Bedingungen nicht erfüllten, mussten sie das Land wieder abgeben.

Das war ein Aufruhr unter dem Volk! Auch unsere Armen hatten damit in einem Augenblick ihre Arbeitsplätze verloren. Sonst brachen sie schon vor Tage mit der Hacke über der Schulter und einem Gefäß mit Wasser auf, um Unkraut zu jäten, damit neue Pflanzungen angelegt werden konnten. Doch nun war alles vorbei.

Ich war inzwischen nach Deutschland zurückgekehrt. Doch betend brachte ich das mir liebgewordene brasilianische Volk immer wieder vor Gott, auch Dona A.

Da kam eines Tages ein langer Brief von ihr, in dem sie mir von ihrem Ergehen berichtete und mich um Fürbitte bat. Sie schilderte mir die furchtbare Situation, die sie durchlebte. Nach langer Zeit hatte sie nun vom Staat eine Entschädigung erhalten, von der sie leben konnte. Obwohl es schwer für sie war, hinter allem die Führung Gottes zu sehen, wollte sie dennoch Gott weiter vertrauen.

Als ich 2007 noch einmal in Brasilien war, ergab sich ein langes Telefonat mit ihr. Außer der Lähmung hatten sich noch andere Erkrankungen eingestellt, die eine größere Operation nötig machten. Ich konnte sie nur auf die Ewigkeit hinweisen, in der es kein Leid und keine Schmerzen mehr gibt. Da wird Gott uns auch keine Grenzen mehr setzen. Jetzt sind sie noch nötig zum Innehalten und Zurückfinden, zum Heimfinden zu Gott. Das konnte ich Dona A. sehr deutlich sagen und sie dem Erbarmen Gottes überlassen. Sie war sehr dankbar für dieses Gespräch. Mögen alle unsere Begegnungen und Gespräche nicht umsonst gewesen sein!

15

Dienet einander

Es war der letzte Tag im Jahr, der 31. Dezember. Da wollten wir traditionsgemäß mit der Gemeinde das Jahr beschließen und das neue Jahr unter Gottes Segen beginnen.

Ich hatte Schwesternbesuch aus Curitiba. Das war mir eine besondere Freude, da ich ja auf unserer entferntesten Station selten einmal Besuch bekam. Wir mussten für diesen Abend noch etwas in unserer kleinen etwa 27 Kilometer entfernten Kreisstadt besorgen. Um diese Jahreszeit war in Brasilien Hochsommer. Wie froh war ich, dass ich bei der drückenden Hitze nicht allein fahren musste. Die Erdstraßen waren zum Teil noch sehr aufgewühlt, denn es hatte Tage zuvor viel geregnet. Doch wir konnten alles erledigen.

Auf der Rückfahrt kam uns ein Lastkraftwagen in vollem Tempo entgegen. Er nahm bald die ganze Breite der löchrigen Erdstraße ein. Um ihm schnell auszuweichen, geriet ich in ein tiefes Loch und saß fest. Was nun? Von wo konnte ich Hilfe erwarten? Weit und breit waren weder Menschen noch ein Fahrzeug in Sicht. Würde ich bis zur Abendversammlung rechtzeitig wieder zu Hause sein? Von dem vorbeisausenden LKW war kaum noch etwas zu sehen, aber die vier Männer, die auf ihm standen, erspähten mich noch aus der Ferne.

Während wir noch betend nach Hilfe Ausschau hielten, kamen die vier Männer mit Hacke und Spaten in Shorts durch den Schlamm auf uns zu und boten uns wie selbstverständlich ihre Hilfe an. Sie sagten: „Sie haben uns zuerst geholfen, sonst hätte es bei dem Tempo für uns ein Unglück gegeben."

Zu viert schafften sie es schnell, den Wagen aus dem Loch wieder auf die Spur zu bringen. Wir wünschten ihnen beim Verabschieden Gottes Segen für das neue Jahr und befahlen sie Gott an. Von Herzen waren wir dankbar für Gottes Bewahrung und seine wunderbare Hilfe.

Ich fragte meine Schwester: „Hast du schon einmal Engel in Shorts gesehen?" „Nein", war ihre verblüffende Antwort. Ich sagte ihr: „Das waren welche!" Zuerst erwiesen wir ihnen Engeldienste und dann sie uns. Dieses Erleben ließ uns dankbar in den Abend gehen.

Eine unserer armen Frauen brauchte dringend etwas aus der Stadt. Da ich noch andere Dienste damit verbinden konnte, machten wir uns zusammen auf den Weg.

Nachdem wir einige Kilometer gefahren waren, sahen wir von Weitem auf unserer wenig befahrenen Erdstraße etwas Helles liegen. Was mochte das wohl sein? Es war ein nagelneuer Strohhut.

Wer mochte den wohl verloren haben? Meine Mitfahrerin sagte gleich: „Der Hut wäre gerade richtig für meinen Sohn Hans."

Wir nahmen ihn mit und fuhren weiter und unterhielten uns über dieses und jenes. Da bemerkten wir in der Ferne einen Traktor, der an der Straßenseite stand. Der Fahrer gab uns ein Zeichen zum Halten. Er brauchte ein bestimmtes Werkzeug, um seinen Wagen wieder flottzukriegen. Ob ihm meine Werkzeugtasche da helfen würde? Ich war ja nicht für einen Traktor ausgerüstet. Ja, wirklich, er fand ein passendes Werkzeug! Er sagte mir, dass er schon über zwei Stunden vergeblich auf Hilfe gewartet habe. Wie dankbar war er nun! Er erklärte uns noch, auf welchem Gehöft er wohne, und bat mich, seine Frau zu benachrichtigen, dass er bald kommen würde. Gerne nahm er noch ein Evangeliumstraktat an. Dann fuhren wir weiter.

Als ich noch im Gespräch mit der Frau jenes Traktorfahrers war, kam er auf den Hof gefahren. Voller Freude berichtete er von allem Erleben des Tages. Als Krönung sollte sich die Frau noch über seinen neu erstandenen Hut freuen. Doch wo war er nur? Die Enttäuschung, ihn nicht mehr zu finden, oder gar verloren zu haben, war groß. Jetzt war ich an der Reihe. Ich zeigte ihm den gefundenen Hut und die Augen aller strahlten.

Nur meine Mitfahrerin bedauerte, den Hut nicht für ihren Sohn bekommen zu haben. Doch als ich ihr das Geld für einen Hut für Hans in die Hand drückte, war auch ihr geholfen.

Wie real durfte ich Gottes Wort aus 1. Petrus 4,10 erleben:

Dienet einander.

16

Echtes Leben kann nicht verborgen bleiben

Von Zeit zu Zeit feierte ich mit unseren Frauen, die wöchentlich zur Frauenstunde kamen, ein kleines Fest. Das war etwas ganz Besonderes für sie. So etwas kannten sie nicht, aber sie wollten sich auch daran beteiligen. Einige brachten etwas Puffreis, andere ein paar Stängel gebratenen Mandiok, wieder andere ein paar Kekse, andere einige Maiskolben oder sogar einen Teller voll gebratenem Hühnerfleisch. Ich backte meistens einen Kuchen nach einem einfachen Rezept, das dann alle noch schriftlich mitnehmen konnten. Manche von ihnen probierten es gleich zu Hause aus und brachten von dem gelungenen Kuchen voller Stolz in die nächste Frauenstunde eine Kostprobe mit. Für alle andern war das dann ein Ansporn zum Nachmachen. Das war der kulinarische Teil des Zusammenseins.

Für den geistlichen Teil hatte ich einmal eine besondere Idee. Jemand hatte mir ein Päckchen Luftballons geschenkt. Ich dachte zunächst, diese für die Kinderarbeit zu verwenden, doch dann kam mir die Idee, die Frauen damit zu begeistern. So schrieb ich auf jeden Luftballon den Namen einer Frau, über die wir in der Frauenstunde schon einmal oder mehrmals etwas gehört hatten, z.B. Eva, Miriam, Esther, Debora, Noemi, Ruth, Maria oder Martha. Es sollte eine Art Wiederholung sein.

Herrlich waren sie anzusehen, die vielen bunten Luftballons im Gemeindesaal! Jeder Name, der auf dem Luftballon stand, war auch auf einem Kärtchen zu lesen, das sich die Frauen beim Eintritt in den Saal ziehen konnten. Auch die Analphabetinnen wussten schnell, wer die Frau war, über die sie etwas sagen sollten. Auf einem Ballon stand der Name: Jochebed. Wer war denn das? Natürlich, es war die Mutter von Mose. Es war köstlich, was jene Frau alles über sie wusste. Sie hätte eine ganze Stunde ausfüllen können mit dem, was sie in ihrem Herzen gespeichert hatte. Am deutlichsten wurde, dass Jochebed das von Gott geschenkte Leben auf jeden Fall retten wollte. Eine gläubige Frau, die als Besucherin unter uns war, sagte mir danach: „Das hätte ich nicht alles gewusst." Auch alle anderen Frauen konnten zu ihrem gezogenen Namen wertvolle Beiträge geben. Natürlich durften alle ihren Ballon mit nach Hause nehmen. Es war ein gelungener, segensreicher Nachmittag, der auch mein Herz nicht unberührt ließ. Es wurde deutlich, dass der ausgestreute Samen – das Wort Gottes – auch in den Herzen der Analphabeten lebte und einen Platz gefunden hatte. Ja, echtes Leben kann nicht verborgen bleiben. Das sehen wir deutlich am Leben des Mose. Aber auch im Neuen Testament werden uns zwei Männer genannt, nämlich Nikodemus und

Josef von Arimathia, die ihre Zugehörigkeit zu Jesus nur eine Zeit lang verheimlichen konnten.

Wie deutlich zeigte mir der Herr Jesus das auch auf einer anderen Station. Ich hatte zum ersten Mal ein Haus aus Ziegelsteinen. Die Freude war groß. Viele Menschen konnte ich hier im Laufe der Jahre behandeln und manche Geburtshilfe verrichten. Von vielen Gotteserlebnissen konnten die Räume Zeugnis ablegen.

Doch was war das? Eines Tages entdeckte ich beim Aufwachen, dass meine Wände so aussahen, als hätten sie die Masern. Dasselbe bemerkte ich auch an allen anderen Wänden, mal mehr, mal weniger. Überall platzten die Zementwände auf. Ich zog den Maurer, der das Haus gebaut hatte, zu Rate. Der sah sich die Wände an und dann war alles klar: Als das Haus erbaut wurde, stand ein herrlich großer Blütenbaum in der Nähe, der seine winzigen Samenkörnchen bei jedem Windstoß überall hinwehte. So flogen auch viele in die Masse, mit der der Maurer die Wände des Hauses verputzte. Weil sie so winzig klein waren, konnten sie auch nicht beim Sieben der Masse entdeckt werden. Jedes Samenkörnchen trug Leben in sich, und das musste sich eines Tages entfalten. Die Folge war, dass das ganze Haus von innen und außen gespachtelt und neu verputzt werden musste. Diese Lektion werde ich mein Leben lang nicht vergessen.

Es ist wahr: Echtes Leben kann nicht verborgen bleiben.

17

In hundert Jahren nur einmal

Es war ein spektakuläres Ereignis, und ich durfte es erleben! Mitte Juli 1975. Ich war gerade von meinem Heimataufenthalt aus dem Sommer Deutschlands zurückgekehrt und sollte einen Vertretungsdienst in unserem damaligen Rüstzeitzentrum Rogate in Curitiba übernehmen.

Wir lebten um diese Jahreszeit im brasilianischen Winter, der oft sehr grimmig kalt war. Das empfanden wir sehr, weil ja die Häuser und damit auch alle Räume nicht zu heizen waren. Die Handtücher waren noch feucht vom Vortag, wenn wir sie am nächsten Morgen benutzen wollten. Ja, die Feuchtigkeit kroch bis in die Betten. Wenn ich das jetzt niederschreibe, überkommt mich noch beim Gedanken daran ein Schaudern. Oft legten wir uns wie unsere brasilianischen Nachbarn einen heißen Ziegelstein oder auch eine Wärmflasche ins Bett.

Doch was war das? Es war ja schon so hell, obwohl es noch gar nicht richtig Tag war? Wir trauten unseren Augen kaum, als wir draußen auf den Dächern eine Schneedecke wahrnahmen. Dicke, echte Schneeflocken fielen vom Himmel, und das in Brasilien! Wir wurden schnell aufgeklärt, dass es in dieser Höhenlage statistisch gesehen nur alle hundert Jahre einmal schneit. Es gibt andere Gegenden in Brasilien, die dieses Phänomen schon einige Male erlebt hatten. Ich hatte bisher wohl erlebt, dass das Regenwasser in den Wassertonnen im brasilianischen Winter eingefroren war oder auch dass Kaffeeplantagen und Maisfelder stark vom Frost betroffen waren, aber Schnee hatte ich bis dahin noch nicht erlebt.

Es war wirklich ein spektakuläres Ereignis, erst recht, als es immer weiter schneite. Wir besaßen gar keine Schneeschieber, die wir jetzt so nötig brauchten, um die Wege vom Schnee zu befreien. Doch dafür hatten wir die Reisig- und Strohbesen an jeder Außentür stehen. Sie waren uns eine echte Hilfe. Es schneite weiter. Bald fanden sich Kinder und Jugendliche zu einer Schneeballschlacht ein, und schon wurde der erste Schneemann gebaut. Er sah dann auch wirklich ganz echt aus mit einer Möhre als Nase und einem Hut auf dem Kopf. Einen dicken Stock bekam er auch noch in den Arm geklemmt. Dann wurden die deutschen Winterlieder angestimmt, wie *Leise rieselt der Schnee*. Natürlich sollte der Schneemann auch fotografiert werden, und zwar bevor er die Magersucht bekam und langsam dahinschmolz. Doch da erreichte uns die Nachricht, dass es in ganz Curitiba weder Filme noch Fotoapparate mehr zu kaufen gab. Und das in der Millionenstadt! Scheinbar hatten andere Leute dieselbe Idee wie wir. Dafür hatten die Fotografen in den folgenden Tagen Hochkonjunktur.

Der plötzliche Schneeeinbruch brachte aber nicht nur Freude, sondern auch unangenehme Überraschungen und viel Arbeit mit sich. Da und dort platzten die eingefrorenen Wasserrohre und mussten durch neue ersetzt werden. Immer wieder wurden Klempner gesucht, um möglichst schnell den Schaden zu beheben.

Seitdem sind über 30 Jahre vergangen und es hat in Curitiba wirklich nicht mehr geschneit! Doch die Kälte stellte sich in jedem Jahr wieder ein. Es war daher eine gut durchdachte Idee gewesen, dass unsere Missionare beim Bau unserer letzten Missionsstation in Porto Brasilio einen Kamin in unsere Häuser einbauen ließen, der wenigstens einen Raum erwärmte, wenn wir ihn gut mit Holz fütterten. Auch wenn es nur eine verhältnismäßig kurze Zeit des Jahres betraf, waren wir dankbar für diese Lösung. Unsere Missionare am Rio das Cobras verwirklichten diese Idee übrigens zuerst. Das empfanden wir bei geschwisterlichen Begegnungen um diese Jahreszeit immer dankbar.

Bei solch extremen Veränderungen, die die Natur und auch die entsprechende Kultur mit sich bringen, ist es gut, sich an Gottes Wort zu halten, das keinen Temperaturschwankungen unterliegt und in jedem Land erfahrbar ist und immer unveränderlich dasselbe bleibt. Gott sagt in 1. Mose 8,22:

Solange die Erde steht, sollen nicht aufhören Saat und Ernte, Frost und Hitze, Sommer und Winter, Tag und Nacht.

18

Die Lösung muss von innen kommen

Seit einiger Zeit kam Dona Terezinha mit ihren vier Kindern zu uns in den Gottesdienst. Ob sie jemand eingeladen hatte, wussten wir nicht. Wir wussten nur, dass sie aus einer anderen Gegend kam. Wie wir hörten, hatte ihr Mann sie verlassen. Sie war noch jung und arbeitete, wo sie gerade gebraucht wurde, mal auf dem Feld, dann wieder in einem Haushalt oder anderswo. Schon bald fühlte sie sich unter uns zu Hause, hörte gerne Gottes Wort und wollte ihr Leben unter die Führung Jesu stellen. Sie war uns eine gute Hilfe in den Frauenstunden. Man konnte sich auf sie verlassen. Auch ihre Kinder kamen gerne in die Sonntagsschule.

Wenn jemand in der Familie krank war, kam sie zu mir und ließ sich beraten. Doch wie erstaunt war ich, als sie eines Tages vor mir stand und um Medizin für ihre Kinder bat, die an den Armen und Beinen, am Hals und selbst im Haar mit vielen Zauberschnüren umwickelt waren. Ich war erstaunt und erschrocken und enttäuscht zugleich.

Ich versuchte, ihr zu erklären, dass das nicht gut ist und ihre Kinder dadurch unter eine fremde

Macht kamen und nicht mehr unter dem Schutz und Segen Gottes standen. Das wollte sie nicht. Die Zauberer hatten wohl alles im Namen Gottes getan. Doch damit betrogen sie die Menschen. Sie selbst wollten nichts mit dem lebendigen Gott zu tun haben und versuchten alles, um die Menschen dazu zu bewegen, nicht zu uns in die Gottesdienste zu kommen. Sie gebrauchten den Namen Gottes nur als Formel, um ihre Zaubereien auszuüben. Ich fragte Dona Terezinha, ob ich die Zauberschnüre abschneiden dürfe. Das bejahte sie. Darüber war ich froh. Doch Dona Terezinha suchte sich dann doch noch Rat bei anderen Zauberern, und einer von ihnen behängte die Kinder noch mehr. Ich war darüber sehr traurig, habe aber viel daraus gelernt.

Die Folge war, dass sie nach und nach immer seltener zu den Gottesdiensten kam und manche Lügengeschichte erfand, um ihr Fernbleiben zu entschuldigen. Bald kam sie gar nicht mehr. Bei zufälligen Begegnungen wich sie mir aus. Wir konnten nur für sie beten. Sie zog dann auch an einen anderen Ort und wir hörten nichts mehr von ihr. Darüber vergingen Jahre.

Doch eines Tages stand sie mit ihren Kindern als eine tief Betroffene wieder vor mir. In einem langen seelsorgerlichen Gespräch brachte sie ihr Leben vor Gott in Ordnung und erfuhr Vergebung ihrer Schuld durch Jesus Christus. Keines ihrer Kinder war noch mit Zauberschnüren behangen.

Sie selbst hatte sie entfernt und mir einen Satz gesagt, der bis heute tief in meinem Herzen lebt: *„Wissen Sie, Schwester Ilse, die Lösung musste von innen kommen."*

Als sie mir vor Jahren erlaubte, die Zauberschnüre von ihren Kindern zu entfernen, war ihr noch nicht wirklich bewusst, was sie getan hatte. Sie selbst musste durch Gottes Wort tief in ihrem Herzen davon überzeugt werden, dass Zauberei Sünde ist und uns von Gott trennt. Und mir machte Gott klar, dass ich geduldig auf Gottes Stunde warten musste, bis ein Mensch vom Geist Gottes zur Buße geführt wird und bereit ist, die Sünde loszulassen. So tat auch ich Buße. Ja, die Lösung muss von innen kommen, sonst ist sie nicht echt. Beide hatten wir viel Grund, Gott von Herzen für sein Erbarmen zu danken. Dona Terezinha fand in einer anderen Stadt Arbeit und auch den Zugang zu einer Gemeinde. Sie war jedoch innerlich getrieben worden, das Gespräch mit mir zu suchen. Diese Erkenntnis ist mir bis heute sehr wertvoll und ich durfte sie in der Seelsorge immer wieder erfahren und anwenden. Eine *echte Lösung muss durch Gottes Wort gewirkt von innen kommen.*

Wie konkret und deutlich durfte ich das in einer Frauenfreizeit erleben, die ich im Süden unseres Bundesstaates zu halten hatte. Viele Frauen hatten sich dazu angemeldet. Sie waren aus verschiedenen Regionen angereist.

Es war der letzte Tag der Freizeit. Meistens waren die letzten Tage immer besonders gefüllt mit mancherlei Aussprachen. So war es auch an diesem Tag. Eine Mutter kam ganz verzweifelt zu mir. Sie nahm mit ihrer jung verheirateten Tochter an dieser Freizeit teil. Die Tochter wurde jede Nacht von finsteren Mächten geplagt und konnte nicht zur Ruhe kommen, und das schon über lange Zeit. Beide waren gläubig. Schon mehrfach hatte die Tochter Seelsorge in Anspruch genommen. Sie hatte sich und ihren Mann mit ihrem eigenen Blut dem Satan verschrieben und war in viel Zauberei verstrickt gewesen. Doch darüber habe sie Buße getan und nun schon einige Male das Absagegebet gesprochen, aber bisher keine Lösung und Hilfe erfahren. (Ein Absagegebet beinhaltet das Bekennen und Lossagen von begangener Schuld und eine klare Hinwendung zu Jesus Christus, der für unsere Schuld gestorben ist und uns durch seine Auferstehung neues Leben geschenkt hat. Es wird in der Seelsorge oft bei okkult belasteten Menschen angewendet und viele haben dadurch schon entscheidende Hilfe erfahren.)

Die junge Frau war im sechsten Monat schwanger mit ihrem ersten Kindchen. Nun war die Befürchtung groß, dass auch das ungeborene Kind schon unter dieser Belastung stehen könnte. Wenn sie keine Hilfe erfuhren, wollten die Eltern in ihrer Verzweiflung mit ihr zu charismatischen Wunderheilern fahren.

Nun saß die junge, hoffnungsvolle Frau vor mir.

Was sollte ich ihr sagen? Wir saßen lange schweigend zusammen. Sollte ich noch einmal das Thema Zauberei anrühren? Nein. Ich wurde innerlich gehalten. Plötzlich brach die junge Frau in ein Schluchzen aus und weinte bitterlich. Ich stellte sie in meinem Herzen nur immer wieder in die segnende Gegenwart Gottes und betete um sein Erbarmen für sie. Dann brach sich ein Schuldbekenntnis Bahn und sie bekannte unter Tränen handfeste Sünde aus ihrem Leben, über die sie tief traurig war. Sie war in ihrem Innersten von Gottes Wort getroffen und sehnte sich nach Vergebung ihrer Schuld, hatte aber bisher noch nicht den Mut zu einem aufrichtigen Bekenntnis gefunden. Das war nun – durch Gottes Geist gewirkt – geschehen. Ich konnte ihr im Namen Jesu die Vergebung zusprechen und sie war frei und gelöst von allen finsteren Mächten. Das werdende Leben unter ihrem Herzen befahl ich dem Herrn Jesus an und bat ihn, dieses Kindlein zu segnen. Segen hebt nach Gottes Wort jeden Fluch auf, sodass das Kindlein nicht mehr unter der finsteren Belastung stand. (vgl. 4. Mose 23,11ff.)

Wir beugten zusammen unsere Knie und dankten Jesus von Herzen für seinen Sieg.

In der kommenden Nacht konnte die junge Frau das erste Mal seit langer Zeit wieder störungsfrei und gut schlafen. Man konnte ihr die Veränderung einfach ansehen. Mutter und Tochter fuhren als dankbare und gesegnete Menschen von der Freizeit nach Hause. Sie ließen mich noch wissen, dass es ihnen weiter gut erging und auch die Geburt des Kindes unter dem Segen Gottes stand. Welch ein Triumph der zurechtbringenden Gnade Gottes!

Die Lösung musste von innen kommen. Wenn ich mit der Frau nur ein Absagegebet gesprochen hätte, um sie aus den Banden des Teufels zu lösen, wäre sie ohne das persönliche Schuldbekenntnis weiter eine Gebundene des Teufels geblieben, denn sie hatte ja schon mehr als einmal ein Absagegebet in der Seelsorge gesprochen und war nicht frei geworden. Doch der Teufel hatte durch die begangene Sünde, die sie noch nicht bekannt hatte, noch alle Macht über sie. Sünde jeglicher Art ist immer ein Anknüpfungspunkt für den Teufel. Gottes Wort sagt:

Wer Sünde tut, ist der Sünde Knecht. (Johannes 8,34)

Aber auch das habe ich erfahren, dass es oft leichter fällt, Zaubereisünden wie das Lesen von Horoskopen oder Tischrücken zu bekennen, als einen Ehebruch einzugestehen. Doch jedes Schuldbekenntnis muss reifen, damit die Lösung wirklich von innen kommt und echt ist. Dann kann man aus tiefstem Herzen singen: *Mir ist Erbarmung widerfahren, Erbarmung, deren ich nicht wert ...*

Das Erleben mit dieser jungen Frau ist mir persönlich zum inneren Gewinn geworden und war mir in der Seelsorge schon sehr oft hilfreich.

19

Rund-um-die-Uhr-Service

Kennen Sie den Slogan: „Wir sind rund um die Uhr für Sie da, ein Anruf genügt."? Mit moderner Technik ist heute alles möglich. Ich erlebte einmal, wie ein Mann aus dem Intercity seine Frau anrief und sich zum Abendbrot frische Radieschen bestellte. Was für Gespräche man unfreiwillig mithören muss, wenn man mit dem Zug unterwegs ist! Da geht es um Verabredungen oder Liebesgeschichten, und ein ganzes Abteil hört mit.

Per Handy ist eine weltweite Kommunikation möglich. Da ruft die Ehefrau ihren Mann an, der vor zwei Stunden mit dem Auto gestartet ist: „Komm schnell zurück, unser Kind muss mit hohem Fieber ins Krankenhaus, Ursache unklar. Es kann eine Gehirnhautentzündung sein."

Da ist der Missionar auf Dienstreise über 400 km entfernt. Eine Frau aus der Gemeinde ist gestorben und muss in Brasilien binnen 24 Stunden beerdigt sein! Solche Benachrichtigungen sind für unsere Missionare extreme Herausforderungen, doch ohne Handy wären sie gar nicht möglich.

Ich habe so manches Mal erlebt, dass der Missionar nicht pünktlich zum Gottesdienst eintraf, weil eine Viehherde die Weiterfahrt auf der schmalen

Erdstraße blockierte. Wie gut, dass auch die Gemeinde, in der es kein Handy gab, wusste, wie sie die Wartezeit verbringen konnte. Es wurde gebetet und ein Lied nach dem anderen gesungen, bis der Missionar eintraf. Ja, die Technik bleibt in ihrer Entwicklung nicht stehen, aber wenn sie versagt?

Ich war auf einer Dienstreise. Plötzlich bemerkte ich, dass der Wagen nicht mehr richtig zog. Was konnte das sein? Dabei hatte ich ihn doch noch einmal zur Durchsicht in die Werkstatt gebracht. Auch der TÜV lag hinter mir. Alles war in Ordnung gewesen! Ich war auf der Überholspur auf der Autobahn und war bis jetzt sehr gut gefahren. Da bemerkte ich in der Ferne einen Hinweis auf einen Parkplatz! Ich versuchte nach und nach bei immer geringer werdendem Tempo auf die rechte Spur zu gelangen, um abfahren zu können. Doch bis auf den Parkplatz reichte der Schwung nicht mehr. Der Wagen blieb auf der Standspur stehen. Da hielt auch schon ein Polizeiauto neben mir. Der Polizist fragte mich freundlich, ob er mir helfen könne. Er setzte sich ans Steuer, der Wagen sprang zwar an, aber die Kupplung war defekt. Es war Samstagnachmittag. Der Polizist versuchte mit seinem Handy, eine Verbindung zur Versicherung herzustellen, doch da waren nur die Anrufbeantworter eingeschaltet. Auf dem Parkplatz befand sich eine Telefonzelle. Eine meiner Mitfahrerinnen wollte versuchen, eine uns bekannte Person anzurufen. Aber die Telefonzelle war kaputt. Wir konnten unsere Not nur immer wieder im Gebet vor Gott bringen. Eine Person mit einem Handy konnte uns dann behilflich sein und wir durften hernach eine Kette von vielen Wundern erleben.

Ein anderes Erlebnis: Ich war mit meinem Neffen während eines Besuches in der Heimat beim Fleischer. Es war wieder einmal Samstag. Wir standen an der Kasse und wollten bezahlen. Da, plötzlich Stromausfall! Es konnte keine Rechnung mehr ausgedruckt werden. Was nun? Hinter uns wurde die Schlange immer länger und Ungeduld machte sich breit. Wie gut, dass mein Neffe gleich Rat wusste. Er ging nach draußen und griff nach seinem Handy. Ein Anruf zu den Stadtwerken genügte und in wenigen Augenblicken funktionierte alles wieder.

Wie steht es mit dem Service rund um die Uhr, wenn die Leitung am anderen Ende besetzt ist oder nur der Anrufbeantworter eingeschaltet ist, der oft erst nach Tagen gehört wird, oder die Telefonzelle kaputt ist? Hat der Slogan „Wir sind immer für Sie da" dann noch seine Berechtigung?

Da ist es gut, sich an den Erfinder von „Service rund um die Uhr" zu wenden. Und das ist Gott. Er ist wirklich rund um die Uhr, Tag und Nacht, ansprechbar. Bei ihm haben wir zu jeder Zeit Audienz. Er hat immer ein offenes Ohr für uns, und seien es unzählige Male am Tag oder in der Nacht! Er hat uns in Matthäus 28,20 gesagt:

Siehe, ich bin bei euch alle Tage, bis an der Welt Ende.

20

Aus meinem Schmunzelkästchen

Wie eintönig wäre das Leben, wenn es nicht immer wieder einmal etwas zum Schmunzeln und Lachen gäbe!

Zusammen mit einer Schwester, die vorübergehend bei mir war, machten wir einen Hausbesuch. Sie kannte unsere Arbeit im Inneren des Landes noch nicht und war ganz gespannt auf das, was sie alles erleben würde.

Wir kamen bei den Leuten an, wurden freundlich begrüßt und sollten schon einmal Platz nehmen. Der Raum war klein. Außer einem Tisch und ein paar wackeligen Stühlen stand nichts darin. Immerhin, der Kuchen stand schon auf dem Tisch. Wir wurden erwartet.

Bis unsere Gastgeber kamen, hatten wir genügend Zeit, den Kuchen von allen Seiten zu bewundern. Ein interessantes Exemplar stand vor uns. Was mochte die Frau wohl für eine außergewöhnliche Verzierung gewählt haben? So etwas hatte ich bis dahin noch nicht gesehen. Der Kuchen war mit geschlagenem Eiweiß bestrichen. Aber mit welchem Gerät mochten sie die Verzierung angebracht haben? Nach einer Gabel sah es nicht aus. Ich ließ meiner Fantasie freien Lauf und konnte das Rätsel nicht lösen.

Dann schließlich kam die Hausfrau und stellte jedem eine Tasse auf den Tisch und goss schwarzen, zuckersüßen Kaffee ein. Mit einem großen Buschmesser schnitt sie jedem ein Stück Kuchen ab und gab es uns auf die Hand. Wir sollten es uns gut schmecken lassen. Weil mich die Verzierung immer noch interessierte, wagte ich nach dem Geheimnis zu fragen und bekam zur Antwort: „Ach, wissen Sie, das hat unsere Katze gemacht. Sie ist ein paarmal über den Kuchen gelaufen und dann war's geschehen. Ich hoffe, er schmeckt Ihnen trotzdem gut." Wir mussten schmunzeln und aßen ihn natürlich. Mit unserem Besuch stießen wir bei diesen Leuten eine Tür zum Evangelium auf.

Eines Tages machten auch wir eine Bekanntschaft mit Katzen. Wir ließen sie nicht über den Kuchen laufen. Übrigens besaßen wir selbst gar keine. Doch dafür hatten wir jede Menge Mäuse, die uns besonders nachts nicht zur Ruhe kommen ließen.

Da kam uns der Gedanke, eine Katze aus der Nachbarschaft zu besorgen, die wir nachts auf dem Dachboden aussetzen wollten, damit sie auf Mäusejagd ging. Gedacht, getan.

Es war gar nicht so einfach, die fremde Katze erst einmal dahin zu bringen. Wir waren der guten Zuversicht, dass sie in der kommenden Nacht einen einträglichen Fang machen würde. Doch was war das für ein Gepolter über uns?

Das Haus war vor Kurzem umgebaut worden. Daher lagen noch einige Bretter kreuz und quer über den Dachbalken. Die schienen der Katze ein willkommenes Sprungbrett zu sein. In der zweiten Nacht gab es die nächste Überraschung. Wir hörten ein Fauchen und Kreischen über uns. Was war geschehen? Die Katzenlady hatte ihren Freund angezogen. Nun konnten sie nach Herzenslust Hochzeit feiern. Doch wir wollten nicht unbedingt ihre Gäste sein. Wir kletterten mit einer Leiter hoch, um die ausgeliehene Katze einzufangen, die wir ja wieder abliefern mussten. Auch das war eine schwirige Sache. Der Nachbarsjunge, der seine Katze kannte, war uns dabei behilflich.

Als unser Haus umgebaut wurde, hatte man unseren Wohnbereich mit Zwischenwänden versehen. Sie sollten die Stabilität sichern. Doch die Mäuse hatten dazwischen ihr Zuhause gefunden. Darum war es äußerst schwierig, sie zu fangen oder ihnen mit Gift zu Leibe zu rücken. Schließlich mussten die Zwischenwände wieder entfernt werden, damit wir von den Hinterlassenschaften der Mäuse und Katzen und ihrem penetranten Geruch endlich befreit werden konnten. Alles war mit sehr viel Arbeit verbunden, gehörte aber mit in meinen Missionsalltag, „ja es gehört zu den Dingen, die sich sonst noch zutragen".

Der Apostel Paulus beschreibt das mitten in seinem Leidenskatalog in 2. Korinther 11,28 so:

... außer, was sich sonst zuträgt.

Daran musste ich oft denken, wenn es einmal wieder drunter und drüber ging und ein neuer Lernprozess dran war. Und dabei gab es nicht selten etwas zu schmunzeln.

21

Der Quarkkuchen und meine Geschichte

Der Quarkkuchen und meine Geschichte reicht weit hinein in meine Vergangenheit. Es war noch Kriegszeit und wir konnten nicht alles kaufen, was wir gerne gehabt hätten. Zum einen hatten wir nicht das Geld dazu, und zum anderen gab es ja auch nicht alles. Aber Herzenswünsche waren trotzdem vorhanden. Ganz selten backte unsere Mutter einmal einen leckeren Quarkkuchen, den wir Kinder immer gerne mochten. Wir wünschten uns so sehr, er würde nie alle werden. Doch man konnte ja auch Wünsche im Herzen konservieren.

Nachdem ich die hauswirtschaftliche Lehre abgeschlossen und das Alter für eine Berufsausbildung noch nicht hatte, stand mir die Wahl offen, entweder ein sogenanntes Pflichtjahr zu absolvieren oder eine Arbeit in einer kinderreichen Familie zu übernehmen.

Natürlich entschied ich mich für ein Jahr in einer kinderreichen Familie. Ich kannte die Familie nicht, war aber sofort wie zu Hause bei ihnen. Der Mann hatte eine gehobene Stellung bei der Regierung und die Frau begleitete sehr oft ihren Mann auf Geschäftsreisen. Außer mir war noch eine Köchin angestellt. Der eigentliche Wohnsitz der Familie lag in Mitteldeutschland, den ich aber nie kennengelernt hatte. Wir lebten in den Alpen, ganz ländlich. Das war herrlich! In den Sommermonaten verbrachten wir längere Zeit im Stubaital in der Nähe von Innsbruck. Da wurde meine Liebe zur Bergwelt geboren und ich konnte an freien Tagen so manchen Gipfel erklimmen.

Wenige Tage vor meiner Reise in die Alpen hatte ich mein Leben unter Gottes Führung gestellt. Mein Herz brannte für Jesus. Darum war es mir ein Anliegen, von der Liebe Jesu, die mein Herz überwunden hatte, auch anderen weiterzusagen. So fragte ich auch gleich, ob ich den vier Kindern von Jesus erzählen und mit ihnen beten dürfe. Das wurde mir erlaubt, obwohl die Eltern nicht kirchlich eingestellt waren. Wie die Trauben hingen die Kinder an mir und wollten immer mehr Jesusgeschichten hören und auch christliche Lieder singen. Das war mein erstes Missionsfeld, einfach eine Wonne!

Die Eltern brachten mir großes Vertrauen entgegen. Nachdem die Köchin gekündigt hatte, übergaben sie mir die Verantwortung für den ganzen Haushalt. Damit bekam ich auch die Wirtschaftskasse. Ich brauchte ihnen nur eine globale Abrechnung vorzulegen und zu sagen, wenn ich wieder Geld brauchte.

So habe ich in den kleinen Tante-Emma-Läden immer das gekauft, was gerade nötig war. Einmal in der Woche gab es in einem der Läden frischen Quarkkuchen. Als ich den entdeckte, leistete ich mir dann und wann ein Stück und listete es in der globalen Abrechnung nicht extra auf. Darüber vergingen die Monate und mein Abschied stand bevor. Auf viel Bitten und Drängen der Eltern willigte ich ein, noch ein Jahr zu bleiben. Doch dann mussten die Taue wirklich gelöst werden. Der Abschied wurde uns allen sehr schwer, aber es musste sein, denn ich hatte mich schon für eine Berufsausbildung festgelegt. Zuvor brachte ich der Frau noch das Kochen bei und überließ ihr dann auch mein Kochbuch.

Der Mann wurde kriegsverpflichtet und fiel nach geraumer Zeit bei Stalingrad. Das war bitter und schwer für die Familie. Plötzlich wurde alles ganz anders. Sie mussten in eine kleinere Wohnung ziehen. Dort konnte ich sie noch einige Male besuchen. Die Mutter der Kinder suchte immer wieder seelsorgerlichen Rat bei mir und öffnete sich ganz dem Evangelium. Sie war weiter dankbar für die briefliche Verbindung und erfuhr auch noch von meinem Eintritt ins Mutterhaus.

Im Mutterhaus hatten wir täglich Andacht und viel Umgang mit der Bibel. Beim Hören auf Gottes Wort und Lesen in der Bibel durchleuchtete der Herr Jesus wie mit einem Scheinwerfer meine Vergangenheit. Plötzlich sah ich mich im kleinen Tante-Emma-Laden vor dem Quarkkuchen stehen und sah die Stücke vor mir, die ich gekauft und nicht von meinem Taschengeld bezahlt hatte, sondern einfach in der globalen Rechnung untergehen ließ. Ich hatte sie praktisch gestohlen. Das lag wie eine Last auf meiner Seele. Ich suchte ein seelsorgerliches Gespräch und bekannte meine Schuld ohne Umschweife. Da war ich zunächst erleichtert. Aber dann sagte mir meine Seelsorgerin, dass ich der Frau einen Bekenntnisbrief schreiben müsse. War das vor Gott nicht genug, dass ich meine Schuld bekannt hatte? Die Frau hatte so großes Vertrauen in mich gesetzt. Sie hatte mir ein sehr gutes Zeugnis ausgestellt, was würde sie jetzt von mir denken? Das konnte ich unmöglich tun. Ich würde ja mein ganzes Image verlieren! Je mehr ich darüber nachdachte, umso größer wurden die Stücke Quarkkuchen und lagen mir schwer im Magen und auf dem Herzen. Ich konnte Tag und Nacht keine Ruhe finden und hatte auch plötzlich keine Lust mehr auf ein Stück Quarkkuchen. Was sollte ich nur tun? Da las ich in einem Buch von Georg Steinberger den Satz:

Im Suchen für sich und im Fürchten für sich liegen alle Fallstricke des Feindes.

Dieser Satz wurde mir zur entscheidenden Hilfe. Ich hatte mich in der Anerkennung gesonnt und fürchtete nun, mein Image zu verlieren. So setzte ich mich hin und schrieb schweren Herzens einen Bekenntnisbrief. Klar und wahr nannte ich alles beim Namen und bat um Vergebung.

Betend begleitete ich den Brief und wartete natürlich sehnsüchtig auf Antwort. Die Tage vergingen. Endlich kam ein dicker Brief. Ich wollte ihn gar nicht öffnen. Was mochte die Frau wohl geantwortet haben? Vielleicht hatte sie ihrer ganzen Enttäuschung Luft gemacht? Ich nahm den Brief erst einmal mit unter die Bettdecke und am nächsten Tag öffnete ich ihn unter Tränen. Wie war ich überwältigt von dem, was sie mir schrieb. Sie setzte nun noch mehr Vertrauen in mich als bisher. Nun erst konnte ich mich von Herzen über Gottes Vergebung freuen und ihm danken, dass er mir geholfen hatte, den Weg des Lichtes zu gehen.

Darüber vergingen viele Jahre. Als ich 2007 noch einmal in Brasilien war, wurde ich gebeten, einen Gottesdienst in einer Mennonitengemeinde zu halten. Da erwähnte ich unter anderem bei meinen Ausführungen dieses Erleben, um den Ausspruch von Georg Steinberger noch einmal zu unterstreichen:

Im Suchen für sich und im Fürchten für sich liegen alle Fallstricke des Feindes.

Nach dem Gottesdienst kam ein Ehepaar auf mich zu und sagte, dass sie mich noch mit einem kleinen Geschenk erfreuen wollten. Während sie zu ihrem Wagen gingen, dachte ich, hoffentlich ist es auch wirklich nur ein kleines Geschenk, denn mein Koffer stand schon gepackt und reisefertig da für meinen Rückflug, der am nächsten Tag erfolgen sollte. Sie überreichten mir eine selbstgebackene Quarktorte, hatten aber vorher nichts von meinem Erleben gewusst. Und ich war sprachlos und konnte vor Verwunderung und Freude gar nichts sagen. Ich erinnerte mich nur, dass sie sich im Gottesdienst einmal etwas schmunzelnd angeschaut hatten. Wir lachten alle herzlich und ließen uns die Quarktorte im Geschwisterkreis gut schmecken.

Als ich wieder in Deutschland war, erzählte ich unserer Oberin im Mutterhaus von meinem Erleben. Danach fragte sie mich: „Schwester Ilse, isst du heute immer noch so gerne Quarkkuchen?" „Oh ja", war meine Antwort. Sie ging ins Nebenzimmer und brachte mir auf einem Teller ein paar Stücke frisch gebackenen, sehr guten Quarkkuchen.

Das war die Krönung meiner Quarkkuchengeschichte.

22

Hast du schon einen Freund?

So lautete das Thema, das ich für die Teenager-stunde gewählt hatte, die ich halten sollte. Auf dem Einladezettel war kein Alter angegeben. Da kamen vorher ein paar Schüchterne und fragten, ob sie auch kommen dürften, sie seien noch keine vierzehn. „Aber ja", war meine Antwort. Da waren sie glücklich.

Meine Freude war groß, dass sich der Saal mit vielen Mädels verschiedenen Alters gefüllt hatte. Solch ein ansprechendes Thema konnte man sich doch auch nicht entgehen lassen! (Später wurden solche Stunden in die Jugendstunden und Jugend-kongresse integriert.)

Da saßen sie vor mir, ganz gespannt, was die Schwester wohl sagen würde. Einige waren ge-schminkt, etliche hatten eine ganz attraktive Fri-sur, andere wiederum einen modernen Kurzhaar-schnitt. Etliche hatten sogar noch schöne dicke Zöpfe. Jede von ihnen brachte eine andere Duft-note mit. Doch wie verschieden sie auch waren und aussahen, man spürte ihnen die Erwartung ab, und alle waren sie von Gott geliebt.

Nachdem wir einige Lieder gesungen hatten, fragte ich sie: „Ab wann darf man denn überhaupt einen Freund haben?" Ein Raunen ging durch die Reihen. Schließlich meldete sich ein Mädchen und sagte ganz schüchtern: „Ich glaube, ab vierzehn." Am Kichern der Einzelnen konnte man vernehmen, dass nicht alle mit dieser Antwort einverstanden waren. Ich machte ihnen Mut und sagte hinter vorgehaltener Hand: „Ihr könnt es ganz offen sagen, denn ich habe auch einen" – „Was, die Schwester hat einen Freund, na, dann dürfen wir ja auch einen haben." Es war plötzlich, als hätte jemand die Tür zur Offenheit und zum Vertrauen aufgestoßen. Dann fragte ich sie, ob ich ihnen etwas von meinem Freund erzählen solle. Er würde es mir gerne erlauben. Von allen Seiten kamen die Rufe: „Oh ja, bitte!"

Dann erzählte ich ihnen, dass mein Freund immer auf mich wartet und dass ich ihm nie ungelegen komme und nie zu oft. Er hat auch immer Zeit für mich und sagt nicht: „Weiß ich schon, das hast du mir doch schon sooo oft gesagt." Selbst nachts hat er Zeit für mich. Ich kann ihn anrufen und ihm alles sagen, ja, er wartet darauf, dass ich ihm alles sage. Und wenn ich einmal Mist gebaut habe, dann hört er mich auch an. Er ist wohl traurig darüber, erinnert mich aber auch, dass es dafür den Weg der Vergebung gibt. Es muss nur die ganze Wahrheit sein, ohne Umschweife und Beschönigungen. Es muss einfach ein aufrichtiges Bekenntnis sein. Und das macht so froh und frei! Und wo ich andere verletzt habe, da hilft er mir, um Vergebung zu bitten, den ersten Schritt zu gehen. Er erinnert mich immer wieder daran, dass ich Gottes geliebtes Kind bin, und betet für mich, dass ich diese Liebe auch an andere weitergebe.

Ganz gespannt hörten mir die Teenager zu. Ich hatte ihnen mit großer Begeisterung den besten Freund, den es überhaupt gibt, vor die Augen gemalt und ihnen gesagt, dass es der Herr Jesus ist, der in seinem Wort zu uns sagt:

Ihr seid meine Freunde. (Johannes 15,15)
Er hat keine begrenzte Zahl von Freunden und freut sich über jeden, der ihm glaubt und vertraut und sich in seine Nachfolge rufen lässt.

Wir erinnerten uns, dass es ein Lied gibt mit dem Titel ‚Der beste Freund ist in dem Himmel‘. Doch das war nicht so bekannt, wie das Lied: ‚Welch ein Freund ist unser Jesus‘. Das sangen wir dann noch. Dieses Lied ist auf der ganzen Welt bekannt und wird in vielen Sprachen gesungen. Die Brasilianer und Indianer singen es besonders gerne.

Es war bewegend, dass viele von den lieben Teenagern danach um ein Gespräch baten. Mögen sie ihre Entscheidung immer wieder neu an Jesus und seinem Wort festmachen und seine Treue an jedem Tag und in jeder Lage erfahren!

„Hast *du* schon einen Freund?"

23

Die Folgen eines nicht ernst genommenen Rates

Ich machte immer gerne Hausbesuche, lernte ich dadurch doch die Familien, die zu uns in den Gottesdienst kamen, besser kennen und verstehen. Eines Tages kam ich zu einer Frau, bei der schon länger ein Besuch fällig war. Sie war Mitglied in unserer Kirche und kam mit ihrem Mann und ihren vier Kindern dann und wann zu den Gottesdiensten. Sie fiel mir dadurch auf, dass sie immer etwas Besonderes sein wollte. Bekam sie die entsprechende Beachtung nicht, dann kam sie einfach über viele Wochen nicht mehr.

Eines Tages war ihr dreizehn Jahre jüngerer, unverheirateter Neffe von Sao Paulo gekommen und hatte sich bei ihr einquartiert. Sie war 39 Jahre alt. Der Neffe, der nichts von Gott wissen wollte, hatte ganz offen von seinem ausschweifenden Leben erzählt und damit geprahlt, als sei das etwas ganz Normales, das zum Leben gehört. Damit hatte er seine Tante und auch die Cousinen ganz im Griff. Der Mann der Frau war beruflich oft unterwegs und hatte dadurch vieles nicht mitbekommen, was sich zu Hause abspielte. Auch an meine Ohren drangen mancherlei ungute

Gerüchte, die einen Hausbesuch dringend nötig machten.

Nun stand ich vor ihr in ihrem Wohnzimmer. Mein Blick fiel auf ihr Hochzeitsbild, das groß an der Wand hing. Das war für mich der Anknüpfungspunkt zu einem ernsten Gespräch. Ob sich die liebe Frau wohl raten und helfen ließ? Die folgenden Wochen zeugten eher vom Gegenteil. Sie ließ sich ihr Tun dann noch von den Zauberern als gut bestätigen. Schließlich musste ihr die Mitgliedschaft aus der Kirche entzogen werden, nachdem in einer Generalversammlung dieser Beschluss gefasst worden war. Wie würden wohl ihre Eltern darauf reagieren? Sie gehörten ebenfalls als Mitglieder zu unserer Kirche. Ebenso ihre Schwester mit der ganzen Familie. Sie akzeptierten den Beschluss der Generalversammlung, nachdem auch sie versucht hatten, der Frau mit gut gemeinten Ratschlägen zu helfen. Doch sie ließ sich nicht helfen. Tief beschämt und traurig trennten sich ihre Angehörigen von ihr und setzten sich umso mehr mit ihren Gaben in der Gemeinde ein. Ihr Mann ließ sich von ihr scheiden. Auch er wollte nichts mehr mit ihr zu tun haben und wandte sich auch von Gott ab. Er suchte sich Hilfe bei Zauberern und hatte schnell ein Verhältnis zu einer anderen Frau.

So gab es ein Zerwürfnis nach dem anderen. Aber so erschütternd auch alles war, gab es doch bei einzelnen Gemeindegliedern eine heilsame

Reaktion. Sie ließen sich vom Wort Gottes ansprechen, bekannten ihre Schuld und erlangten Vergebung und Befreiung. Für mich war es der erste Fall von Gemeindezucht, den ich in Brasilien erlebte.

Wie wir hörten, eröffnete die Frau dann an einem anderen Ort mit ihrem Neffen zusammen ein Bordell. Das war eine traurige Bilanz. Ich wurde an Sprüche 1,5 erinnert: *Wer verständig ist, der lasse sich raten.* Schade, dass diese Frau sich nicht hat raten lassen.

Auch ein anderes Erlebnis werde ich nicht vergessen, als jemand den gut gemeinten Ratschlag nicht annahm und dies tragische Folgen hatte.

Es war in Quarapuava. Herr Missionar Melzer, der zu jener Zeit mit seiner Frau noch einmal einen Pionierdienst am Stadtrand von Quarapuava übernommen hatte, bat mich, gelegentlich einige Hausbesuche mit ihm zu machen. Das tat ich gerne. Ich war zu der Zeit in Candoi stationiert und fuhr oft am Montag zum Einkaufen in die 100 km entfernte Stadt nach Quarapuava. Selbstverständlich war da immer ein Besuch bei Melzers mit eingeplant. Bei unseren Begegnungen und Gesprächen lernte ich viel von unseren erfahrenen Pioniermissionaren.

Eines Tages wollte Herr Melzer mit mir eine Familie besuchen, die seinen seelsorgerlichen Rat nicht angenommen hatte und nun die Konsequenzen bitter auskosten musste. Die Familie lebte vorher in der Stadt, in der Herr Melzer viele Jahre lang Pastor war. Damals gehörten beide Elternteile zum Jugendkreis jener Kirchengemeinde. Sie waren blutsverwandt und ineinander verliebt und wollten natürlich auch heiraten. Herr Melzer beriet sie seelsorgerlich und machte sie auf alle Gefahren und Konsequenzen einer blutsverwandten Heirat aufmerksam, doch sie blieben dabei und wollten gegen allen Rat doch eine Ehe eingehen. Sie meinten, sie hätten sich so lieb, dass keine Konsequenzen zu befürchten seien. Sie bedachten dabei nicht, dass Gott in seinem Wort sagt:

Irret euch nicht! Gott lässt sich nicht spotten. Denn was der Mensch sät, das wird er ernten. (Galater 6,7)

Sieben Kinder wurden der Familie geboren, und alle waren behindert. Bis auf die Jüngste waren alle bettlägerig. Gut, dass Herr Melzer mich vorbereitet hatte. Dennoch war ich zutiefst erschüttert, als mich die Mutter von Zimmer zu Zimmer führte und ich die erwachsenen Menschen, die nun mitunter schon weit über dreißig Jahre alt waren, vor mir sah. Manche hatten schwere körperliche Behinderungen, andere waren geistig vollkommen gestört. Einer schrie immer nur: „Hunger, Hunger!" Eine andere hatte gerade einen Tobsuchtsanfall. Wieder ein anderer lallte etwas, was nur die Mutter verstand. Die Nächste hatte sich und das ganze Zimmer mit Kot beschmiert. Einer hatte einen epileptischen Anfall. Die Mutter sagte nur: „Das geht wieder vorüber", und schloss die Zimmertür. Die unartikulierten Laute, die von überall her zu hören waren, lösten immer wieder neu ein Erschrecken in mir aus. Es war einfach furchtbar. Die arme Mutter kam Tag und Nacht nicht zur Ruhe. Sie teilte sich mit ihrem Mann, der auch schon betagt war, die Pflege. Trotz allem waren sie immer noch davon überzeugt, die richtige Wahl getroffen zu haben, als sie in die blutsverwandte Ehe einwilligten.

Wie tief machte mich dieses Erlebnis betroffen. Es ging mit mir in die Nacht. Ich konnte keine Ruhe finden und musste immer wieder daran denken, dass sich die Familie ihr eigenes Elend gewählt hatte.

In der Seelsorge konnte ich da und dort davon Gebrauch machen, wo ich jungen Menschen begegnete, die als Blutsverwandte in einem Liebesverhältnis standen, aber immer davon überzeugt waren, dass es bei ihnen keine Probleme geben würde. Das zeigt, dass Liebe wirklich blind machen kann. Doch Gottes Wort sagt:

Wer verständig ist, der lasse sich raten. (Sprüche 1,5)

24

Zerbrochenes Glück oder Fehlentscheidung?

Immer wieder einmal wurden wir von Bewohnern aus unserer nahe gelegenen Kreisstadt besucht, die sich unsere Missionsstation einmal anschauen wollten. Eines Tages kam ein junges Paar, das kurz vor seiner Hochzeit stand und sehr interessiert war, wie wir unsere Station konzipiert hatten. Sie standen davor, ein großes Haus zu bauen, das sehr geräumig sein sollte, mit einem entsprechenden Wohntrakt, und dann auch für die geschäftlichen Belange den entsprechenden Raum bieten sollte. Schließlich wollten sie einen ganzen Wohnblock dafür bebauen. Sie dachten auch schon an einen schönen Garten mit vielen Pflanzen, und für später sollte auch noch Platz für einen Swimmingpool sein. Es gab gute Gespräche mit unseren Missionaren.

Dankbar für alle Tipps fuhren sie dann wieder zurück. Nach der Hochzeit wollten sie uns dann wieder besuchen. Sie kamen und brachten ihr dickes Hochzeitsalbum mit vielen Fotos mit. Man merkte, dass ein Profi die vielen Fotos gemacht hatte. Fast alle Augenblicke ihres großen Ereignisses waren fotografisch festgehalten. Ihre Freude war riesengroß, das konnte man sehen.

Der große Neubau ging mit Riesenschritten seiner Vollendung entgegen. Sie waren beide im Beamtenstatus und hatten keine Schwierigkeit, alles zu bezahlen. Bald erfuhr ich von der ersten Schwangerschaft und auch von der Geburt eines gesunden Jungen. Wir freuten uns alle mit. Der zweite Junge ließ nicht lange auf sich warten, obwohl die Mutter keine leichte Schwangerschaft hatte. Sie konnte sich lange nicht richtig erholen. Und doch wünschten sie sich noch ein kleines Mädchen.

Und tatsächlich, sie wurde noch einmal schwanger und brachte wirklich ein kleines Mädchen zur Welt. Nun schien das Glück vollkommen zu sein. Doch die liebe Mutter konnte sich nicht erholen. Sie nahm immer mehr ab. Was mochte sie wohl für eine Krankheit haben? Dann hörten wir, dass sie sich einer Operation unterziehen musste. Aber Hilfe soll ihr nicht zuteil geworden sein, wie wir hörten. Über ihren Gesundheitszustand sprach sie nicht. Wir hörten dann, dass sie mit ihrem Mann eine Weiterbildung machen wollte. Diese war sehr anstrengend und kräfteraubend. Doch sie schafften es beide.

Darüber verging eine Zeit. Wie waren wir erschüttert, eines Tages zu erfahren, dass die Ehe auseinandergegangen war. Die ganze Stadt sprach davon. Wie war das möglich? Ich musste immer wieder an den so hoffnungsvollen Anfang denken. Dann sah ich im Geiste das dicke Hochzeitsalbum vor mir. Ich konnte das nicht nachvollziehen und musste für sie und ihre Familie beten.

Eines Tages saß ich im Nachtbus auf der zehnstündigen Rückfahrt von Curitiba nach Querencia. Wer mochte wohl den Platz neben mir einnehmen? Es war die liebe Frau, die nun nicht mehr an der Seite ihres Mannes lebte. Wir sahen in der Begegnung beide ein Gottesgeschenk und freuten uns sehr über diese Fügung. Obwohl es Nacht war, verspürten wir keine Müdigkeit, sondern sahen die Stunden als von Gott geschenkt an.

Mit großer Offenheit gab sie mir Einblick in ihr Leben. Das große Glück der Liebe hatte nur ganz kurze Zeit gewährt. Ihr Mann hatte seine Liebe mit einer anderen Frau geteilt und gleichzeitig erwartet, dass sich seine Frau einiger Schönheitsoperationen unterziehen sollte. Das war eine sehr teure Angelegenheit gewesen, aber sie hatte es über sich ergehen lassen und dabei viel durchlitten. Sie hatte weiter viel abgenommen. Nun war auch klar, warum es ihr über lange Zeit gesundheitlich so schlecht ging. Trotzdem hatte der Mann nicht von seiner Geliebten gelassen. Das konnte die liebe Frau nicht mehr verkraften. Sie seien im Guten auseinandergegangen und sähen die Entscheidung für die Hochzeit beide als eine Fehlentscheidung. Sie lebte jetzt in einer anderen Stadt. Ihr Ex-Mann habe ihr noch geholfen, dort ein Büro einzurichten. Alle vierzehn Tage bringe er abwechselnd eines ihrer Kinder zu ihr, weil es das Gesetz so forderte.

Wie tief bewegte mich diese Lebensführung. Ich versprach der Frau, weiter für sie zu beten, und reichte ihr noch ein Evangeliumsblatt. Dafür war sie sehr dankbar. Gerne hätte ich sie noch einmal besucht, doch ich konnte es zeitlich nicht mehr einrichten. Der geschiedene Mann heiratete dann tatsächlich seine Geliebte. Doch ob sie wirklich glücklich geworden sind?

Noch einige Male hielt ich wunderbare Hochzeitsalben in der Hand, die den Beginn einer Ehe dokumentierten, die dann doch kurz nach der Hochzeit oder nach der Geburt des ersten Kindes zerbrach.

Zerbrochenes Glück oder Fehlentscheidung?

25

Auch Enttäuschungen gehören in das Leben eines Missionars

Meine liebe Mutter schrieb mir regelmäßig jeden Monat. Auf diese Post freute ich mich immer besonders und ich wartete auch darauf. Doch dann hörte ich sechs Wochen nichts von zu Hause. Ob wohl Post verloren gegangen war? Das war in Brasilien nichts Besonderes. Schließlich kam ein Brief von meinem Bruder. Das geschah selten. Er wusste, dass meine Mutter mich immer mit den Familiennachrichten versorgte, und sandte mir durch sie nur Grüße mit.

Was mochte er mir wohl mitteilen? Ich ahnte nichts Gutes. So war es auch. Meine liebe Mutter hatte einen schweren Verkehrsunfall erlitten und lag mit einigen Knochenbrüchen und Blutergüssen bewusstlos im Krankenhaus. Nachdem sie einige Tage bewusstlos war, sollte sie jetzt wieder ansprechbar sein. Trotzdem bestand wenig Hoffnung auf eine komplikationslose Wiederherstellung der Gesundheit. Mein Bruder und meine Schwägerin, die in einer anderen Stadt wohnten, hatten sich sehr um sie gekümmert. Wie gerne hätte ich sie sofort besucht, doch ich lebte ja 12000 km entfernt von ihr! So breitete ich den

Brief meines Bruders im Gebet vor Gott aus und rief ihn um sein Erbarmen und seine Fürsorge für sie an.

Ein Lichtstrahl gab mir Hoffnung. In wenigen Monaten sollte ich turnusgemäß meinen Heimataufenthalt antreten. Ich wartete nur noch auf die Benachrichtigung der Missionszentrale aus Deutschland, die mich über die verantwortliche Schwester in Curitiba erreichen sollte. Die Wochen vergingen und es kam keine Nachricht aus Curitiba. Die Wartezeit erschien mir sehr lang, sodass ich eines Tages, als sich eine Gelegenheit bot, anrief. Wie war ich enttäuscht und auch schockiert, als mir gesagt wurde, man hätte leider vergessen, mich zu benachrichtigen. In den noch verbliebenen Tagen konnten keine Formalitäten für eine Schiffsreise mehr erledigt werden. Ich war sauer! Mit solch einer Enttäuschung hatte ich nicht gerechnet. Natürlich dachte ich an meine liebe Mutter. Ob ich sie nun überhaupt noch einmal lebend antreffen würde?

Was blieb mir jetzt zu tun? Zunächst brachte ich meine ganze Enttäuschung und alles, was sich in meinem Herzen zusammengeballt hatte, weinend vor Gott und bat ihn um seine Wegweisung. Halt für mein aufgewühltes Herz konnte mir kein Mensch geben. Ich fand ihn in Gottes Wort. Zuerst musste mein Herz tief innen still werden, aber das geschah nicht in einem Augenblick. Immer wieder standen die Anklagen gegen meine

Schwestern mit aller damit verbundenen Frustration und tiefen Verletzung vor mir.

Da fiel mein Blick beim Lesen in der Bibel auf einen Vers aus Jesaja 65,8:

Verdirb es nicht, denn es ist ein Segen darin. Wenngleich dieses Wort dem Volk Israel galt und Gott damit zum Ausdruck brachte, dass er es trotz seines Ungehorsams nicht restlos verderben will, traf es mein Herz.

Es war, als hätte ich in diesem Vers eine Nuss vor mir, die ich knacken musste, wenn ich in den Genuss des süßen Kerns kommen wollte. Die Worte „Verdirb es nicht, denn es ist ein Segen darin" stehen genau in der Mitte des Verses. Sie waren also der süße Kern. Was wollte Gott mir damit sagen? Zuerst mussten die Schalen der Anklagen, der bitteren Enttäuschung und Verletzung entfernt werden. Das konnte nur auf dem Weg der Vergebung geschehen. Es war ein Prozess der Übung, bis es zu dieser Herzenshaltung kam. Vergeben ohne Anklage und Erwartung im Herzen! Als dann keine Anklage mehr in meinem Herzen war, konnte ich Gott hinter allem sehen und fing an zu danken in dem Wissen, dass er nie einen Fehler macht. Es ist wahr: Echte Vergebung macht den Weg zur Dankbarkeit frei. Außerdem konnte Gott mir vor Augen halten, dass nicht nur ich enttäuscht wurde, sondern dass auch ich wissend oder unwissend andere schon enttäuscht hatte.

Ich betete weiter für meine liebe Mutter und

hörte dankbar, dass es ihr laufend besser ging. Ich konnte Gott nur weiter vertrauen. Als dann der erste Brief eintraf, den sie wieder selbst geschrieben hatte, war meine Freude riesengroß. Nun konnte ich alle Reisevorbereitungen für das kommende Jahr treffen.

Meine Mutter erfuhr gegen alle Prognosen wunderbare Heilung. Sie konnte sogar wieder allein mit dem Zug fahren. Da mir, wie allen westdeutschen Bürgern nur 30 Tage Aufenthaltsberechtigung pro Jahr bewilligt wurden, um in die DDR reisen zu können, wurde die Zeit meines Heimaturlaubs aufgeteilt auf zwei Aufenthalte. Auch das war ein Geschenk meines Gottes.

Es waren reich gesegnete Tage, die wir in der Familie zusammen verbringen konnten. Manche lieben Verwandtenbesuche konnte ich zusammen mit meiner Mutter machen. Wir mussten auch feststellen, dass in den vergangenen Jahren etliche unserer Angehörigen verstorben waren. So drehten sich unsere Gespräche viel um die Ewigkeit. Plötzlich sagte meine Mutter: „Die Nächste, die aus unserem Kreis in die Ewigkeit geht, bin ich." Wir versuchten ihr das auszureden, doch sie blieb dabei.

Der Tag der Verabschiedung kam, doch er hatte den „Hoffnungsblick", dass wir uns im nächsten Jahr noch einmal würden sehen können. Aus diesem Hoffnungsblick wurde ein Blick auf die Ewigkeit, denn meine Mutter erkrankte einige Monate später ganz plötzlich an einer akuten Darminfektion. Binnen 14 Tagen wurde sie in die Ewigkeit gerufen. Ich konnte sie wohl nicht mehr sehen, war aber in meinem Herzen getröstet, sie jetzt für immer in den Händen Jesu zu wissen. Doch dann erhielt ich per Telegramm eine Einreise und konnte sie noch mit meinen lieben Angehörigen zur letzten Ruhe geleiten, wissend, dass Gott dennoch alles wohlgemacht hatte.

Wäre ich, wie vorgesehen, ein Jahr früher gekommen, wäre sie körperlich noch zu geschwächt gewesen. So war sie inzwischen wieder mobil und konnte reisen, sodass wir viele Begegnungen mit lieben Menschen hatten, die noch ein Jahr zuvor nicht möglich gewesen wären. Es lag wirklich ein tiefer Segen in der Verschiebung meines Heimataufenthaltes, auch wenn ich vordergründig nur menschliches Versagen und Enttäuschung empfunden hatte.

Gott gebraucht auch Enttäuschungen zu unserer inneren Reife. Er kann aus allem, auch aus dem Bösen, etwas Gutes machen, um uns einen bleibenden Segen zu schenken.

Wichtig ist nur, wie wir mit den Enttäuschungen und Verletzungen und Widerwärtigkeiten unseres Lebens umgehen. Wenn wir sie nicht göttlich verarbeiten, verhärten sie unser Herz und werden zu Verbitterungen, die uns und andere vergiften.

Seit diesem Erleben, das nun schon etliche Jahre zurückliegt, hat das angeführte Gotteswort aus

Jesaja 65,8 einen festen Platz in meinem Herzen, und Gott erinnert mich immer wieder daran, denn es war nicht die einzige Enttäuschung oder Widerwärtigkeit, die ich im Laufe der Jahre zu durchleben hatte. Doch immer war alles heilsnotwendig und dienlich zu meiner inneren Zubereitung für die Ewigkeit.

Verdirb es nicht, denn es ist ein Segen darin.
Es liegt also in meiner Hand, den Segen zu verderben oder ihn zu erhalten.

26

Gott segnet um seines Wortes willen

Es war wieder einmal an der Zeit, dass ein Evangelist aus Deutschland kommen sollte, um in einigen Städten Brasiliens zu evangelisieren. Solche Zeiten sehnten wir uns oft herbei, besonders dann, wenn wir den Evangelisten schon einmal erlebt hatten und durch ihn gesegnet worden waren. Meistens waren solche Termine sehr schwer zu bekommen, weil die Evangelisten immer einen vollen Terminkalender hatten. Darum freute ich mich sehr, dass für diese Zeit keine Geburt auf meinem Plan stand und ich nach Curitiba fahren konnte.

Als ich mich in Curitiba bei unserem verantwortlichen Missionar anmelden wollte und meine Freude darüber bekundete, sagte er mir tief bekümmert, dass er leider dem Evangelisten abschreiben müsse. Er hatte wenige Tage zuvor erfahren, dass dieser gesegnete Mann, Vater von einigen erwachsenen Kindern, schon über mehrere Jahre ein Verhältnis mit seiner Sekretärin hatte. Es fiel unserem Missionar schwer, das zu glauben, und so holte er sich Informationen, die dies bestätigten. Das zu hören, löste einen gewaltigen

Schock in mir aus. Über acht Tage brauchte ich, um diese Nachricht einigermaßen zu verkraften. Nicht nur ich, sondern viele Menschen aus unseren Gemeinden waren durch ihn gesegnet worden. Wo er auch sprach, waren die Kirchen überfüllt und viele Menschen hatten sich zu seelsorgerlichen Gesprächen angemeldet und Hilfe erfahren. Er hatte viele Länder und Kontinente bereist und verfügte über viel Wissen und Sprachkenntnisse, aber vor allem über eine klare Bibelkenntnis, die er uns verständlich vermittelte. Das alles konnte ich nicht in Einklang bringen mit seinem Privatleben, von dem wir bis dahin auch nichts gewusst hatten. Immer wieder hörte man: „Aber er hat doch mit Vollmacht in großem Segen gewirkt!"

Darüber vergingen einige Jahre. Während meines Heimataufenthaltes erfuhr ich, dass jener gesegnete Gottesmann Buße über sein Leben getan hatte, und das gleich an mehreren Orten, wo er als gesegneter Bote Gottes bekannt war. Auch von seiner Familie hatte er Vergebung und Versöhnung erfahren. Dadurch, dass er gesundheitlich sehr angeschlagen war, konnte er keine Auslandsreisen mehr unternehmen. Er lebte noch eine geraume Zeit und ist im Frieden mit Gott heimgegangen.

Seit jenem Erleben ist mir sehr deutlich geworden, dass Gott uns nicht um eines Menschen willen segnet, sondern immer um seines Wortes willen.

Von Zeit zu Zeit erlebten wir in Brasilien, dass

zu Evangelisationen mit namhaften Rednern eingeladen wurde, die in großem Segen wirkten. Begeistert kehrten die meisten von solchen Konferenzen in ihre Gemeinden zurück. Viele Kassetten und Zeitschriften und Bücher wurden gekauft und verteilt. Doch es kam zu keiner Gemeindeerneuerung, eher zu Spaltungen, bis eines Tages in der Presse zu lesen war, dass der besagte Evangelist Frauengeschichten hatte. Oder er hatte Gelder veruntreut und war in Schulden verstrickt, oder die Sucht nach Ehre und Anerkennung hatte sein Herz verblendet, oder anderes mehr. Nach und nach verschwanden die Idole. Da sprach dann kaum noch jemand von großen Segnungen. Manche erkannten im Nachhinein, dass nicht alles vom Geist Gottes gewirkt war. Einige dieser Gottesmänner sahen ihre Schuld ein und bekannten sie, andere nicht!

Die Erkenntnis, dass gesegnete Evangelisten auch nur Menschen sind und darum auch fähig zu sündigen, ist mir erst nach und nach aufgegangen in dem Maße, wie ich mein eigenes Herz immer besser kennenlernte und von Gott überführt wurde, dass auch ich zu allen Dingen fähig bin.

Vor einiger Zeit bekam ich einen Bekenntnisbrief von einem Gottesmann, der auch als ein gesegneter Evangelist bekannt war und über viele Jahre in großem Segen gewirkt hatte. Da wurde kompakte Schuld bekannt, die vor über fünfzig Jahren geschehen war und mich damals fast aus der Glaubensbahn geworfen hatte. Jesus hatte seine Vergangenheit beleuchtet und er erkannte seine Schuld, die über viele Jahre in seinem Herzen schlummerte.

Im Volksmund sagt man: *Wenn über eine alte Sache mal endlich Gras gewachsen ist, dann kommt schnell ein Kamel gelaufen, das alles wieder runterfrisst.* Doch hier war es kein Kamel, sondern der Geist Gottes, der die Vergangenheit unseres Bruders ganz präzise und lebendig vor seine Seele stellte, und er konnte und wollte ihr nicht ausweichen. Jesus hatte den Schuldbrief zerrissen und durch das ehrliche Bekenntnis seine Barmherzigkeit triumphieren lassen. Sein Name sei gelobt!

Gott hat mich dabei auf dem Übungsfeld der Vergebung wachsen lassen. Es war kein Stachel der Anklage mehr in mir vorhanden. Das konnte ich jenem Bruder in der Beantwortung seines Briefes mitteilen, wissend, dass auch ich täglich von Gottes Vergebung lebe.

Wir sind uns danach noch einmal für mehrere Tage begegnet, doch die vergebene Schuld war ausgelöscht und wurde nicht mehr erwähnt. Ich hätte sie auch nicht mehr detailliert benennen können. Sie war einfach getilgt, und ich war in meiner Seele geheilt. Da muss und darf man auch nicht mehr an den Narben herumkratzen, um sich nicht neu schuldig zu machen.

Es war ein ungetrübtes, schönes Beisammensein. Das ist mir ein Beweis dafür, dass echte Vergebung und Versöhnung immer Heilung bewirkt. Gott verhindert es nicht, dass wir sein Wort mit einer guten Rhetorik verkündigen und eine gute Exegese und Auslegung seines Wortes weitergeben. Aber er segnet das Wort, das wir austeilen, um seines Wortes willen, nicht um des Menschen willen, der es verkündigt.

Er lässt sein Wort, das aus seinem Munde geht, nicht wieder leer zu ihm zurückkommen. (Jesaja 55,11)

27

Ordnung und Fortschritt

So steht es auf unserer brasilianischen Landesfahne. Doch vor fünfzig Jahren merkte man davon noch nichts, dass im Lande Ordnung und Fortschritt herrschte. Ob ich es wohl noch erleben würde?

Ja, ich erlebte es, auf vielfache Weise. Die ganze Infrastruktur machte im Laufe der Jahre einen großen Sprung nach vorne. Da wurden Asphaltstraßen gebaut, quer durch das ganze Land, wo es vorher nur löchrige Erdstraßen gab. An manchen Stellen konnte kein Auto fahren. Da musste ein Esel den Wagen mit allem Reisegepäck den Berg hochziehen und die Insassen mussten nebenher laufen. Wir waren immer ganz Ohr, wenn uns solche Geschichten aus der guten, alten Zeit erzählt wurden.

Manches konnte man sich nicht vorstellen, doch was wir selbst erlebten, war noch interessant genug. Ich hatte noch erlebt, dass es keine Bushaltestellen gab. Wenn jemand mitfahren wollte, hob er nur die Hand hoch. Dann hielt der Bus mit Ächzen und Krachen, die Person konnte einsteigen und weiter ging die Fahrt bis der nächste Passagier in Sicht war. Dass man da sein Reiseziel nicht pünktlich erreichen konnte, war abzusehen. Aber es war nun einmal so, und alle ließen sich geduldig auf das Abenteuer ein.

Omnibusbahnhöfe wurden gebaut und mit großen Uhren versehen. Es gab mit einem Mal pünktliche Abfahrts- und auch Ankunftszeiten. Diese Bahnhöfe hatten in den größeren Städten sogar zwei große Plattformen, eine für den betreffenden Bundesstaat (das war dann die nationale Plattform) und eine für mehrere Bundesstaaten des Landes (das war dann die internationale Plattform). Alles war sehr gut organisiert. Der heißen Klimaverhältnisse wegen gab es mehr Nachtbusse als Busfahrten am Tage. Wenn man Glück hatte, bekam man sogar einen Bus mit Klimaanlage, vorausgesetzt, sie funktionierte.

So bewegte sich die Fortschrittswelle mit Riesenschritten nach vorn. Wie erstaunt war ich, dass es plötzlich sogar Geschwindigkeitskontrollen im Straßenverkehr gab und Verstöße mit einem strengen Punktesystem und hoher Strafe geahndet wurden. Einmal parkte eine Reiseführerin eine Minute zu lange am Flughafen und schon war ein Strafzettel an der Windschutzscheibe ihres Wagens. Ein gutes Gespräch mit dem Polizisten ließ die Sache dann noch glimpflich ausgehen. So erlebte ich es auch das zweite Mal auf einem anderen Flughafen.

Aber auch die Ordnung machte einen Sprung nach vorne. Der Abfall auf den Straßen wurde zusammengefegt und ungeachtet der Personen, die gerade vorübergingen, in einen großen Kübel gekippt. Da wirbelte der Staub dann oft zum Leidwesen der Vorübergehenden auf, die ihn schlucken mussten. Immerhin, die Straßen waren gefegt und einige Menschen hatten Arbeit.

Doch es war nicht alles gut, was uns der Fortschritt brachte. Denn mit ihm stieg auch die Kriminalität enorm. In den ersten Jahren meines Brasilienaufenthaltes ging ich des Öfteren mit einem Verbrecher in der Nacht allein durch den Urwald. Während er mir seine Mordgeschichten erzählte, war ich nicht so gefährdet wie heutzutage.

Es war der letzte Tag einer gesegneten Vortragsreihe in der Passionszeit. Nach dem Abendgottesdienst wollte ich noch zum Busbahnhof und mir eine Fahrkarte für eine Reise am nächsten Tag kaufen. Eine junge Frau, die in der Verwaltung des Mutterhauses tätig war, hatte sich angeboten, mich nach dem Gottesdienst zum Busbahnhof zu fahren. Eine unserer brasilianischen Schwestern wollte uns Gesellschaft leisten.

Während des Schlussliedes gingen wir leise als Erste aus der Kirche. Draußen standen viele Wagen am Straßenrand. Es war dunkel. Die Autofahrerin entriegelte auf dem Weg zu ihrem Wagen das Auto. Doch welch ein Schrecken überkam uns, als schon drei schwarz gekleidete Banditen darin saßen. Sie beschwichtigten uns, ganz still zu sein und nur so schnell wie möglich loszufahren.

Immer wieder sagten sie: „Aus Liebe zu Gott, seid ganz still, wir müssen nur schnell hier fort, stellt eure Taschen vorne hin, wir wollen nichts von euch. Wir geben euch die Richtung an, in die wir fahren müssen."

Und so kamen die Kommandos: „Geradeaus, dann links herum, dann rechts, dann wieder geradeaus, jetzt rechts." Längst hatten wir die Stadt hinter uns gelassen, die Fahrerin zitterte nur noch und weinte. Da, plötzlich kam uns ein Polizeiauto entgegen und die Fahrerin gab schnell Lichthupe. Da sprang ihr auch schon ein Bandit an den Hals und brüllte: „Bist du verrückt, du bringst uns in Gefahr. Wir sind bewaffnet." Und schon fühlte ich einen eiskalten Revolver an meinem Hals. „So, jetzt wollen wir euer Geld." Sie stürzten nach vorne, rissen das Handschuhfach auf und griffen nach den Taschen am Boden. Doch da war nur noch die Tasche der Fahrerin, und die gab ich ihnen nicht. Auch meine gab ich ihnen nicht. Währenddessen suchte unsere brasilianische Schwester, die hinten saß, schnell ein paar Geldscheine in ihrer Tasche und gab sie den Schurken, mit der Bemerkung, dass sie mit dem Geld weit fahren könnten. Es waren umgerechnet 10,00 Euro. Wir konnten nur innerlich immer wieder zu Gott flehen und um sein Erbarmen bitten. Als sie plötzlich „Rechts rum!" schrien und wir in einer Sackgasse landeten, machten sich die Banditen blitzschnell auf und davon. Die Fahrerin konnte nur zitternd immer wieder sagen: „Schwester Ilse, ich weiß nicht, wo wir sind, in dieser Gegend bin ich noch nie gewesen." Ich beruhigte sie, indem ich ihr das sagte, was die Banditen wiederholt gesagt hatten: „Aus Liebe zu Jesus, sei nur ganz still!" Ich fügte allerdings noch hinzu: „Unser Leben ist in Jesu Hand!" Ich hatte genau aufgepasst, wo wir rechts und links abgebogen waren. Nun mussten wir die entgegengesetzte Richtung ansteuern. Wie froh waren wir, als wir wieder die ersten Lichter eines Stadtviertels sahen. Dann fuhren wir noch zum Busbahnhof und kauften meine Fahrkarte.

Als wir nun zu später Stunde in unser Mutterhaus kamen, stand unsere Oberin noch mit dem Referenten und einigen Gottesdienstbesuchern in der Eingangshalle. Alle waren entsetzt, dass wir erst jetzt kamen und so kreidebleich aussahen. Wir erzählten ihnen von unserer Entführung und allem Erleben. Dann spachen wir noch ein Dankgebet und baten Gott auch für die Entführer.

Das waren „Fortschrittsentwicklungen", vor denen auch wir als Missionare nicht verschont blieben.

Da kann man sich nur umso fester an Gottes Wort klammern, weil Jesus selbst uns sagt:

Euer Herz erschrecke nicht! Glaubt an Gott und glaubt an mich! (Johannes 14,1)

28

Ein Mosaiksteinchen in unserer 90-jährigen Mutterhausgeschichte

Es war während der Monate Juli/August im Jahr 1946. Ich war gerade wieder zum erneuten Diensteinsatz nach Nordhausen entsandt worden, als die Nachricht vom Mutterhaus kam, dass ich aus dringenden Gründen nach Elbingerode zurückkommen solle, um dort den Dienst in einer Privat-Wochenpflege zu übernehmen.

Die Tochter eines namhaften Politikers hatte sich ans Mutterhaus gewandt und für vier Wochen eine Säuglingsschwester für die Wochenpflege nach der Geburt ihres zweiten Kindes erbeten. Das erste Kind war 2 ½ Jahre alt. Das sollte ich auch mitbetreuen. Da ich während meiner Ausbildungszeit nur kurz in Elbingerode gewesen war, kannte ich die Familie nicht. Das war bestimmt auch gut.

Als ich zum Vorstellungsgespräch bei der besagten Familie war, wurde ich mit meinem Aufgabenbereich vertraut gemacht. Ich sollte mich in erster Linie um das neugeborene Kind kümmern, das nur wenige Tage später geboren werden sollte, aber auch um die frisch entbundene Mutter, die ja viel

Schonung brauchte. Darüber hinaus sollte ich aber auch ganz für das erstgeborene Kind von 2 ½ Jahren da sein. Das war verständlich, denn die liebe Mutter konnte sich ja noch nicht um das quicklebendige Kind kümmern. Selbstverständlich gehörte die Säuglings- und Kinderwäsche, das Stopfen und Flicken und die Ordnung im Kinderzimmer auch dazu. Im Laufe der Zeit kamen dann noch verschiedene andere Arbeiten im Haus hinzu.

Ich äußerte meinerseits auch eine Bitte und fragte, ob ich mit dem älteren Kind vor dem Essen und am Abend beten dürfe, und ob auch ein Abendlied und eine ‚Gutenachtgeschichte' erlaubt seien. Es wurde mir erlaubt.

Im Mutterhaus wunderte man sich sehr, dass gerade diese Familie eine Diakonisse in ihr Haus holte, denn sie waren aufgrund ihrer kommunistischen Einstellung dem Mutterhaus gegenüber nicht wohlgesonnen. Sie hatten die Befugnis, kirchliche Einrichtungen und Institutionen enteignen zu lassen. Gut, dass ich von diesen Plänen nichts wusste.

Ich konnte im Mutterhaus wohnen und war von morgens bis abends in der Familie. Bevor ich morgens aus dem Haus ging, und auch am Abend nach meiner Rückkehr, betete ich mit einer verantwortlichen Schwester und verrichtete dann meinen Dienst in der Verantwortung vor Gott mit großer Freude. Auch sonst wurde für meinen Dienst im Mutterhaus gebetet.

Die Pflege des Neugeborenen war nicht problemlos. Die Mutter wollte ihr Kind nicht stillen. So musste ich mehrmals die entsprechende Säuglingsnahrung wechseln, bis ich die richtige Nahrung gefunden hatte, die das Kind vertrug. Es war eine Freude, festzustellen, dass die Kleine, es war ein Mädchen, anfing zuzunehmen und bald ihr Geburtsgewicht wieder erreicht hatte.

Wenn das Wetter günstig war, gingen wir viel spazieren. Die Kleine entwickelte sich zu unser aller Freude weiter prächtig. Einige Male in der Woche kam die Großmutter aus der Nachbarschaft und sah nach dem Rechten. Sie wunderte sich jedes Mal sehr, wie ordentlich die Schränke aufgeräumt waren. Auch ihr Mann grüßte mich immer wohlwollend und freundlich. Georgia, das ältere Mädchen, erzählte den Eltern und Großeltern immer von den Gutenachtgeschichten, die sie so gerne hörte, weil sie danach immer gut schlafen konnte. Das fiel den Eltern auch auf und sie waren beglückt darüber. Es gab im Laufe der Zeit auch öfter einmal Rückfragen und ich nutzte die Gelegenheiten gerne, meinen Glauben zu bezeugen.

Nach vier Wochen stand mein Abschied bevor, doch das Ehepaar bat bei der Mutterhausleitung um vierzehn Tage Verlängerung meines Dienstes. Diese wurden gewährt. Aber auch diese Zeit ging ihrem Ende entgegen und der letzte Tag stand bevor. Eltern und Großeltern luden mich zu einem Abschiedsabend ein. Die Hausmutter gab die Erlaubnis, mit den Worten: „Schwester Ilse, wir beten für dich."

Was würde wohl an jenem Abend auf mich zukommen? Ich wurde in einen festlich geschmückten Raum geführt. Was es alles an Gutem zu essen gab, weiß ich heute nicht mehr. Ich weiß nur noch, dass ich damals aus dem Staunen nicht mehr herauskam. Wir lebten ja in der Nachkriegszeit. Doch davon war an jenem Abend nichts zu merken. Nach dem festlichen Menü wurde mir ein Abschiedsgeschenk überreicht, u. a. ein wunderschönes Sofakissen und noch verschiedene andere Dinge. Es war mir eine Freude, unsere Hausmutter damit zu beglücken. Sie wusste immer, wie sie die mancherlei Geschenke verwenden konnte.

Doch dann folgten noch bewegende Augenblicke. Zuerst sprachen sich alle Anwesenden sehr lobenswert über meinen Dienst aus und dankten mir. Ich konnte ihnen nur sagen, dass ich diese Aufgabe, wie an jedem anderen Ort, in der Verantwortung vor Gott mit Freuden getan hatte. Dann ergriff der Vater der jungen Frau, der als strenger Kommunist bekannt war, das Wort und sagte mir: „Das hatte seinen Grund, warum wir Sie als Diakonisse in unser Haus geholt haben. Wir wollten die Diakonissen einmal näher kennenlernen, und da war das der beste Weg, einmal eine hautnah zu erleben. Wir standen davor, Ihr Mutterhaus enteignen zu lassen." Er zeigte mir ein Dokument, auf dem die Enteignung eingezeichnet war. Mich überkam ein Schrecken! „Aber jetzt, nachdem wir den Dienst einer Diakonisse kennen und schätzen gelernt haben, bringen wir es nicht mehr fertig, Ihr Mutterhaus enteignen zu lassen. Sagen Sie das bitte Ihrer Hausleitung."

„Das hat Gott getan", konnte ich nur bezeugen. Nun wollten sie noch wissen, warum ich Diakonisse geworden war. Gerne gab ich ihnen Einblick in mein Leben und berichtete dankbar von Gottes wunderbarer Führung. Manche Tränen wurden getrocknet, und ein dankbares Echo war die Antwort. Dann folgte ein bewegter und dankbarer Abschied. Über lange Zeit bestellten sie mir immer wieder Grüße. Die junge Familie zog nach geraumer Zeit nach Berlin. Damit war die Verbindung zu ihnen abgebrochen.

Doch ich bin gewiss, dass Gott an die wenigen Wochen, die ich unter ihnen war, zu gegebener Zeit wieder anknüpfen wird, so, wie er es auch bei mir getan hat.

Das Wort Gottes aus 1. Korinther 3,11 an unserem Mutterhausportal ist damit noch tiefer in mein Herz gemeißelt worden:

Einen anderen Grund kann niemand legen, außer dem, der gelegt ist, welcher ist Jesus Christus.
Und darüber die Worte: *Jesus lebt! Jesus siegt!*

Das ist wirklich ein Mosaiksteinchen, das immer wieder in vielen Farben hell leuchtet und mich sehr dankbar sein lässt.

29

Einmalig, unverhofft und unvergesslich

Einmalig, unverhofft und unvergesslich bleibt mir eine Begegnung in der Heimat, die ich vor Jahren während eines Dienstes in Binz erlebte. Darum hielt ich sie auch in meinem Tagebuch fest.

Es geschah auf der Seebrücke in Binz auf Rügen im Mai 1994.

Die Seebrücke war wenige Wochen vorher eingeweiht worden und nun versammelte sich dort in froher Erwartung des damaligen Bundeskanzlers, Helmut Kohl, eine größere Menschenmenge. Er sollte um 11 Uhr eintreffen.

Ob man sich als Diakonisse dem Menschenstrom nicht auch anschließen sollte? Das wäre doch eine einmalige Gelegenheit, dem Bundeskanzler einmal live zu begegnen!

Es war ein kalter Tag und der Wind pfiff uns ordentlich um die Ohren. Ein Blick zur Uhr: Eigentlich müsste er jeden Moment eintreffen, es war mittlerweile schon 11.15 Uhr. Die Menschenmenge begab sich langsam zum Kurhaus. Plötzlich hörten wir das Geräusch eines Hubschraubers. Ein zweiter, dritter und vierter wurden erspäht. Nun konnte es nicht mehr lange dauern.

Schließlich stand ich mit einer Schwester allein auf der Seebrücke. Sollte der Begegnungsort doch der Platz vor dem Kurhaus sein? Dort wimmelte es inzwischen von Menschen. Das lange Warten ließ uns den eiskalten Wind ordentlich spüren. Wir beschlossen nun auch, dorthin zu gehen. Aber ob man da überhaupt noch einen Platz in der Menschenmenge bekam?

Doch ehe wir es recht wahrnahmen, kam eine Gruppe von Fernsehexperten und Fotografen direkt auf der Seebrücke auf uns zu. Und in der Mitte der Bundeskanzler Helmut Kohl! Die Seebrücke wurde abgesperrt, sodass keiner mehr Zutritt hatte.

Wir waren so perplex, überrascht und erfreut zugleich, dass wir gar nicht so schnell reagieren konnten.

Der Bundeskanzler streckte mir gleich die Hand zum Gruß entgegen mit dem Ausruf: „Hier sind ja unsere Schwestern, Diakonissen!" Dann erfolgte ein Interview über Name, Herkunft, Dienst, Mutterhaus usw. Alles hat ihn sehr interessiert.

Der damals amtierende, spanische Ministerpräsident González an der Seite des Bundeskanzlers wurde vorgestellt. Mit ihm konnte ich sogar gleich portugiesisch sprechen und ihm von meinem jahrzehntelangen Missionsdienst in Brasilien berichten. Es war rundum ein frohes, unverhofftes und unvergessliches Grüßen, ein für mich bis dahin erstmaliges Begegnen dieser Art.
Es ist klar, dass ich nicht erst seit dieser Begegnung

für den Bundeskanzler sowie für alle mit der Weisheit und Gottesfurcht beschenken möge, ihren verantwortungsvollen Dienst zum Wohle unseres Volkes auszuüben. Das ließ ich den Bundeskanzler damals auch wissen und er bedankte sich dafür.

Einmalig, unverhofft und unvergesslich!

30

Zusammenfassung

Mit einem dankbaren und frohen Herzen halte ich Rückschau und sehe viele Streiflichter, viele Augenblicke, die zu leuchtenden Spuren in meinem und im Leben anderer geworden sind.

Wenn Gott schon einen glimmenden Kerzenstummel als Orientierungshilfe benutzt, Menschen den Weg zu weisen, wie viel mehr tut er es durch sein ewig gültiges Wort.

Wenn Menschen nach einem seelsorgerlichen Gespräch wieder froh und dankbar geworden sind, dann zeichnen sich leuchtende Spuren ab, die Mut für den nächsten Schritt geben.

Wenn Menschen durch ein Evangeliumstraktat angeregt werden, sich eine Bibel zu kaufen und darin lesen, dann werden Streiflichter zu Segensspuren, die nur Jesus vermitteln kann.

Wenn Menschen nach einem aufrichtigen Schuldbekenntnis Vergebung der Sünden und wieder eine neue Perspektive für ihr Leben bekommen, dann sind das leuchtende Spuren, die hineinreichen bis in die Ewigkeit.

Wie lebendig und klar ist mir Gottes Wort durch jede leuchtende Spur geworden! Dazu gehören auch die zahlreichen Gebetserhörungen,

die ich im Laufe der vielen Jahre erfahren dufte.
Wie viel Barmherzigkeit und Treue Gottes sind da
offenbar geworden!

Ich freue mich auf die Ewigkeit, da werde ich
dann erst recht dankbar die vielen leuchtenden
Spuren erkennen, die Gott dazu benutzte, um
mich reif zu machen für die Ewigkeit. Jetzt gilt für
mich noch, was in Psalm 92,15 steht:

*Und wenn sie auch alt werden, werden sie dennoch
blühen, fruchtbar und frisch sein, dass sie verkündigen, wie der Herr es recht macht.*